漢語普通話教程

聽力課本

第一册

曹慧 編著

北京語言文化大學出版社

(京)新登字 157 號

圖書在版編目(CIP)數據

漢語普通話教程:聽力課本第 1 册/曹慧編著.—北京:北京語言文化大學出版社,1997.6

ISBN 7—5619—0589—0

Ⅰ.漢…

Ⅱ.曹…

Ⅲ.①普通話—教材②漢語—視聽教學—教材

Ⅳ.H102

責任印製:	汪學發
出版發行:	北京語言文化大學出版社
	(北京海淀區學院路 15 號 郵政編碼 100083)
印　　刷:	北京語言文化大學出版社印刷廠
版　　次:	1997 年 6 月第 1 版 1997 年 6 月第 1 次印刷
開　　本:	787×1092 毫米 1/16 印張:22.25
字　　數:	330 千字 印數:1—2000 册
定　　價:	44.00 圓

安子介先生題辭

　　漢語是世界上使用人口最多的語言，是聯合國的主要工作語言之一。隨着中國國際地位的提高，世界許多地方正在興起"漢語熱"，漢語的重要性也必將與日俱增。

　　漢語的書寫符號漢字，是世界歷史最悠久，影響最深廣的文字之一。誰都承認，漢字在中國五千多年的文明史上有過偉大的貢獻，世界上所有的語言文字都不像漢語漢字那樣，有如此深遠的文明歷史背景，有如此深刻的文化內涵，積累了如此豐富的典籍和如此浩瀚的詞彙量。進入電腦時代後，漢字的神奇表現力更顯示出其永恆的青春。

　　《漢語普通話教程》是北京語言文化大學專門爲港澳同胞及操粵方言的海外華人學習普通話編寫的一套系列教材。相信這套教材在溝通不同國籍華人思想感情，消除不同方言區的語言障礙，增强全球華人的親和力和凝聚力中，將起到橋樑和紐帶作用。

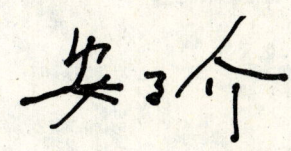

呂叔湘先生題辭

　　漢語普通話既是中國不同方言區及國內不同民族之間的通用語，也是中國人民和世界各國人民進行國際聯係的通用語。推廣普通話，對於促進中國的改革開放，加强中國與世界各國的聯係，都具有重要的意義。

　　《漢語普通話教程》是北京語言文化大學編寫的一套新的系列教材，是專門爲了滿足港澳同胞和操粵方言的海外華人學習普通話的需要而編的，有針對性和實用性。這套教材對於港澳同胞和操粵方言的海外華人學習普通話，將會取得良好的效果，不卜可知。

呂叔湘

季羨林先生題辭

  漢語是世界最發達最重要的語言之一。
  漢語是悠久的中華文化的載體。
  根據很多國內外專家的估計，到了 21 世紀，包括中國在內的東方將成爲世界經濟和世界文化的中心。現代漢語和中華文化的重要性都將與日俱增。把漢語推向世界，是擴大中外經貿和中外文化交流的需要，是時代賦予我們的歷史使命。
  北京語言文化大學新編的《漢語普通話教程》是主要爲香港、澳門同胞和操粵方言的海外華人學習普通話編寫的一套系列教材。這套教材，對港澳同胞和海外華人學習普通話，促進祖國各地人民與港澳同胞的聯繫，加強中外的經貿交流和文化交流，都將很有裨益。我預祝這套教材能取得理想的效果。

季羨林

前　言

一、編寫目的

　　隨着 1997、1999 年香港、澳門回歸祖國時間的臨近，港澳地區掀起了一個學習漢語普通話的熱潮。在中國改革開放日益深化和中外經貿、文化友好交流迅速發展的形勢下，東南亞及世界各地海外華人學習漢語普通話的熱潮也方興未艾。可以預料，1997 年以後，對港澳同胞及海外華人的漢語普通話教學將達到一個空前的高潮。《漢語普通話教程》（以下簡稱《教程》）就是爲了適應這種需要而編寫的。

二、教材性質

　　港澳地區是一個多種語言、多種文化交匯的社會，廣大操粵方言的海外華人也生活在雙語雙文化的環境之中。對港澳地區及操粵方言的海外華人的漢語普通話教學，具有跨語言、跨文化、跨學科的性質。在語言上，它涉及目的語與兩種以上相關語言的關係，涉及學生在習得過程中遇到的兩種以上語言的干擾及其正負遷移現象。在文化上，它涉及目的語所包涵的文化因素與兩種以上相關文化的聯繫，以及這些相關文化對目的語文化和目的語本身的影響。從學科理論上講，它涉及第一語言教學、第二語言教學以及方言學等多種學科知識，它介於母語教學與外語教學之間，它與對外漢語教學有許多相似之處，但又有別於普通的對外漢語教學。

三、教材特點

　　1. 適應不同程度、不同學習時間、不同要求的開放式系列教材。《語音課本》和《精讀課本》爲系列教材之主體，漢字、口語、聽力、閱讀四種課本作爲"衛星"教材。主體教材與"衛星"教材之間既相互關聯，又相互獨立，合起來爲一套系列教材，必要時可以分開來使用。

　　2. 以語音爲重點，語音教學貫穿始終。《語音課本》獨立成册，自成體系，可以作爲推普教材單獨使用，也可以適應不同中文程度的學生，配合其他課程使用。語音教學貫穿於系列教材的每一種課程，實際是以兩種方式進行的，一種是語音課，按照語音知識的系統循序漸進地進行；一種是其他語言技能課，按照所需字、詞的發音，打破漢語拼音方案的順序，急用先學。《聽力入門》與《語音課本》配合使用。

3. 漢字教學短期速成。《漢字課本》是爲港澳地區外文學校畢業的學生設計的。采取注音識字、字源識字、部件識字、集中分類識字相結合的方法,在短期內突擊完成1000個常用字的教學任務,以便順利過渡到其他語言技能課的教學。

4. 注重詞彙和句式對比。粵方言不但有大量方言詞彙,連構詞法與普通話也有許多不同之處,教材通過詞語比較,總結出帶有規律性的東西,幫助學生迅速掌握普通話詞彙;通過句式比較,使學生建立起牢固的普通話句法概念。

5. 語言技能全面訓練,有所側重,機動靈活。《教程》的精讀、聽力、口語、閱讀四種課本分別承擔聽說讀寫的語言技能訓練。在聽說與讀寫的關係中突出聽說;在聽與說的關係中,進一步突出"說"的訓練。具體措施是:口語與精讀並重;聽力、閱讀訓練中檢測方式注重表達。

6. 結構、功能、文化相結合。《教程》采取多元化的教學法體系,《精讀課本》第一冊以語法結構爲綱,合理安排最基本的功能、文化項目;第二冊以話題、文化項目爲中心,有計劃地安排語法結構與功能的重現和深化。《口語課本》以功能爲綱,依照功能項目進行分級,安排先後順序,復現語法結構。《聽力課本》配合主體教材,根據學生的交際範圍安排先後順序,進行聽力技能訓練。《閱讀課本》以主題範圍爲中心,把結構、功能、文化融爲一體。文化項目的選擇,兼顧中國當代文化和傳統文化,以介紹中國當代文化爲主;兼顧中國北方和南方地域性文化,以介紹北方地域文化爲主,注意北方文化與港澳文化的對比。

四、使用方法

本《教程》係漢語普通話强化教學系列教材,全日制普通話培訓使用全套教材,可達到快速强化的教學效果。在一年之內完成對外漢語教學大綱兩年的教學任務,使學生不但能講流利的普通話,而且能用漢語普通話閱讀和起草信件、文件,收集和處理各種信息資料,具有運用漢語普通話進行工作的綜合語文能力。各種漢語普通話公共課或選修課,由於課時較少,可以祇使用本《教程》主體教材,也可根據實際情況和教學需要選擇《口語課本》或《聽力課本》之一種搭配使用。短期普通話培訓班,可以單獨使用《語音課本》,在數週內掌握漢語拼音方案,並達到正音正調的良好效果。

本《教程》由國家教育委員會港澳臺事務辦公室立項,在編寫過程中得到國家教委李海績先生、北京語言文化大學楊慶華校長和孔繁清、崔永華副校長的大力支持和指導。黃政澄教授參加了前期的策劃工作。趙淑華教授專門給編委會介紹了港澳普通話教學及教材的情況,並就《教程》的編寫原則給予指導。參加審定總體設計及樣課的專家有王還、趙金銘、劉珣、施光亨、胡書經、李楊、閻德早、程美珍、李德津、楊寄洲等。編寫組部分成員在赴澳門考察期間，受到澳門大學、澳門理工學院的熱情接待，並就部分樣課向澳門語言學界有關專家徵求了意見。

本《教程》普通話與粵方言對比部分是由方言學家曹志耘教授和暨南大學彭小川副教授審定的；英文翻譯是由李燕姝教授和美國專家 Matthew Morris 審定的；程美珍教授、李德津教授、李立成博士審閱了部分書稿，並提出了十分寶貴的修改意見；北京語言文化大學澳門公務員培訓班 1995 屆 B 班的同學參加了教材座談會；初稿完成後，曾在 1996 屆 B 班試用過，兩個班的同學都對此教材提出了寶貴的意見和建議。在此一併表示衷心的感謝。

傑出的語言學家呂叔湘先生在醫院養病期間專門爲本《教程》題辭，著名學者季羨林先生、安子介先生也爲教材題了辭，表達了他們對香港、澳門回歸祖國的期盼，也表達了對這部教材的願望，這對我們是一個很大的鼓勵。

研究以粵方言爲母語的雙語區或多語區的普通話教學是漢語教學的一個新課題，編寫這類強化教學的系列教材對於我們來說也屬首次，由於經驗不足，定會存在許多不足或錯誤之處，真誠地希望各位專家學者及同仁給予批評指正。

《漢語普通話教程》編委會
1997 年元旦

説　　明

　　這套聽力課本是《漢語普通話教程·精讀課本》的衛星教材,本册圍繞《精讀課本》第一册編寫,每課共分爲四部分:

　　一、語音練習。包括聽寫拼音、句重音、詞重音、聲調和一些在發音上不易區分的詞語練習,目的是幫助操粵方言的學習者複習鞏固已有的語音知識和主體教材的相關內容。

　　二、語法練習。包括填空和聽後選擇答案練習,前者爲配合《精讀課本》的生詞及課文教學服務,後者力圖反映《精讀課本》中有關語法點、重點語句以及其後"綜合練習"中的難詞難句,使學習者在聽的過程中加深理解,同時爲下一步練習作好準備。

　　三、綜合練習。這一部分是每課的主要內容,一般包括兩到三段對話,它們緊密結合《精讀課本》的話題內容,但又是這些話題的深化或延伸,通過多種練習形式,幫助學習者在最大程度上聽懂課文,理解難詞難句。針對本書使用者的特點,這部分練習在訓練聽力的同時,還注重聽後說的訓練以及語音階段訓練的延續,使學習者口耳並重,在發音、聲調等方面有所鞏固和提高。這也是整套系列教材"語音教學貫穿始終"的原則所要求的。

　　四、泛聽練習。每課有篇幅不等的短文若干,這部分練習的設計意在訓練學習者跳躍詞語障礙,抓住主要信息,聽懂課文的大概意思。在不脫離主體教材框架的基礎上,課文力求題材廣泛,內容有趣,並結合日常生活的各個方面,有利于學習者開拓視野,增加詞彙量,提高聽的水平,積累知識。

　　這四部分練習中,無論對話還是短文,都注意突出中國當代文化和傳統文化以及南北地域文化對比等因素,練習的編排也是按照由短及長、由淺入深、循序漸進的原則設計的。由于題量較大,教師在授課時可根據實際情況進行取捨。

　　在本册書編寫的初始,丁險峰等同志曾給予不少幫助,在此謹表謝意。

編　者
一九九七年一月

目　錄

每課後邊的第一個頁碼為練習頁碼,第二個是錄音文本頁碼。
The first page number following the title of each lesson indicates the page on which the exercises for the lesson appear, and the second one, the recording script.

第一課 ·· (1) (132)
　　對話(一) 兒子考上大學了 ·· (3) (134)
　　對話(二) 談學習 ·· (4) (136)
　　對話(三) 你認識胡老師嗎 ·· (5) (137)
　　泛聽(一) 我的一家 ·· (6) (138)
　　泛聽(二) 麥克的朋友 ·· (6) (139)
第二課 ·· (7) (141)
　　對話(一) 在女生公寓門口 ·· (9) (144)
　　對話(二) 給表姐打電話 ·· (10) (145)
　　對話(三) 巧遇 ·· (11) (147)
　　泛聽(一) 圖書館什麼時候開門 ······································ (12) (148)
　　泛聽(二) 校園介紹 ·· (12) (149)
第三課 ·· (13) (150)
　　對話(一) 記者採訪 ·· (16) (153)
　　對話(二) 去內地的收穫 ·· (16) (155)
　　泛聽(一) 節日時間安排 ·· (17) (156)
　　泛聽(二) 我家的早晨 ·· (18) (157)
第四課 ·· (19) (159)
　　對話(一) 小陳的宿舍 ·· (22) (162)
　　對話(二) 小張搬家 ·· (22) (164)
　　對話(三) 你去過小張家嗎 ·· (23) (165)
　　泛聽(一) 租房啟事 ·· (24) (166)
　　泛聽(二) 朋友老王 ·· (25) (167)
第五課 ·· (26) (168)
　　對話(一) 冬天好還是夏天好 ·· (29) (171)

對話(二)　南方好還是北方好 ………………………………… (29)(173)
　　　泛聽(一)　天氣預報二則 …………………………………… (30)(174)
　　　泛聽(二)　北極 ……………………………………………… (31)(176)
第六課 …………………………………………………………………… (32)(177)
　　　對話(一)　北京的交通 ……………………………………… (34)(180)
　　　對話(二)　去故宮怎麼走 …………………………………… (35)(182)
　　　泛聽(一)　火車時刻 ………………………………………… (36)(183)
　　　泛聽(二)　世界各國的地鐵 ………………………………… (36)(183)
第七課 …………………………………………………………………… (37)(185)
　　　對話(一)　去哪兒買東西 …………………………………… (39)(188)
　　　對話(二)　林美娟買禮物 …………………………………… (40)(190)
　　　泛聽(一)　商品廣告三則 …………………………………… (41)(191)
　　　泛聽(二)　怎麼討價還價 …………………………………… (42)(192)
第八課 …………………………………………………………………… (43)(194)
　　　對話(一)　懶人談運動 ……………………………………… (45)(197)
　　　對話(二)　群衆性體育活動 ………………………………… (46)(199)
　　　泛聽(一)　亞運村 …………………………………………… (47)(200)
　　　泛聽(二)　奧運會 …………………………………………… (47)(201)
第九課 …………………………………………………………………… (48)(202)
　　　對話(一)　請病假 …………………………………………… (51)(205)
　　　對話(二)　王士文減肥 ……………………………………… (51)(207)
　　　泛聽(一)　針灸療法 ………………………………………… (52)(209)
　　　泛聽(二)　怎麼吃晚餐有利于健康 ………………………… (53)(209)
第十課 …………………………………………………………………… (54)(211)
　　　對話(一)　北京的茶館 ……………………………………… (57)(215)
　　　對話(二)　"將就"和"講究" ………………………………… (58)(217)
　　　泛聽　　　菜名的來歷 ……………………………………… (59)(219)
第十一課 ………………………………………………………………… (61)(221)
　　　對話(一)　還是老街坊好 …………………………………… (64)(225)
　　　對話(二)　家住大雜院 ……………………………………… (65)(227)
　　　泛聽　　　關于鄰里關係的調查 …………………………… (66)(229)
第十二課 ………………………………………………………………… (68)(232)
　　　對話(一)　這趟長城沒白去 ………………………………… (71)(235)
　　　對話(二)　孟姜女的故事 …………………………………… (72)(238)
　　　泛聽(一)　步行運動 ………………………………………… (73)(239)

泛聽(二)　埃及的金字塔 ················· （73）(240)

第十三課 ·· （74）(241)
　　　對話(一)　關于電視的談話 ················· （77）(245)
　　　對話(二)　露天舞會 ··························· （78）(246)
　　　對話(三)　週末怎麼過 ························ （79）(248)
　　　泛聽　　　中國中央電視臺節目預告 ······· （80）(251)

第十四課 ·· （81）(252)
　　　對話(一)　在火車上 ··························· （84）(256)
　　　對話(二)　春城昆明 ··························· （85）(258)
　　　泛聽(一)　機場、車站、旅客列車上的廣播通知 ··· （86）(260)
　　　泛聽(二)　世界各地的唐人街 ················· （86）(261)

第十五課 ·· （88）(263)
　　　對話(一)　飯店裏發生的事 ··················· （91）(266)
　　　對話(二)　飯店裏發生的事 ··················· （92）(268)
　　　對話(三)　你瞭解故宮嗎 ······················ （92）(270)
　　　泛聽　　　千奇百怪的旅館 ··················· （94）(272)

第十六課 ·· （96）(274)
　　　對話(一)　兒子的愛好 ························ （100）(278)
　　　對話(二)　濫竽充數 ··························· （101）(280)
　　　泛聽(一)　一首歌的故事 ······················ （102）(282)
　　　泛聽(二)　歌曲《祝你平安》 ················· （102）(283)

第十七課 ·· （103）(284)
　　　對話(一)　上班時的小王 ······················ （106）(287)
　　　對話(二)　趙小姐應聘 ························ （107）(289)
　　　對話(三)　孫小姐面試 ························ （107）(291)
　　　泛聽　　　空姐——令人羨慕的職業 ········ （108）(293)

第十八課 ·· （110）(295)
　　　對話(一)　半個京劇專家 ······················ （113）(299)
　　　對話(二)　南北異同 ··························· （114）(301)
　　　泛聽　　　中國人的姓氏 ······················ （116）(304)

第十九課 ·· （117）(306)
　　　對話(一)　汽車夢 ······························ （120）(310)
　　　對話(二)　收藏家 ······························ （121）(312)
　　　泛聽　　　綠色汽車 ··························· （122）(315)

第二十課 ·· （124）(317)

（一）對話　人與人之間 …………………………（127）（321）
　　（二）短文　父親的幫助 …………………………（128）（323）
　泛聽　　香港人的休閒 ……………………………（129）（325）

詞彙索引……………………………………………………（327）

聽 力 練 習

Listening Exercises

第一課　Lesson 1

一、**語音練習**　**Phonetics**

1. 聽寫拼音：
   Dictation：
   　　　1)　　　2)　　　3)　　　4)　　　5)
   　　　6)　　　7)　　　8)　　　9)　　　10)
   11)
   12)
   13)
   14)
   15)

2. 聽我問，請你標出答句的重音：
   Listen to the following questions and mark the sentence stresses of the answers：
   1) 我姓羅。
   2) 我是香港人。
   3) 他是我同學。
   4) 這是小黃的書。
   5) 我們十二點下課。
   6) 我沒有中文詞典。
   7) 我的房間不大。
   8) 他病了。
   9) 她去圖書館了。
   10) 香蕉四塊五一斤。

3. 邊聽邊標出重讀"幾"和輕讀"幾"：
Listen to the following sentences and mark "幾" to show if they are "stresssed" or "unstressed"：
1) 你的宿舍裏有幾把椅子？
2) 教室裏有幾個人。
3) 桌子上有幾本書？
4) 書架上有幾本英文書。
5) 你買了幾枝筆？
6) 我想去郵局買幾張郵票。
7) 我有幾本中文詞典。
8) 他有幾個練習本？
9) 你們一共幾個人？
10) 昨天下午我們幾個去胡老師家了。

二、 語法練習 Grammar exercises
1. 聽句子,邊聽邊填空,然後朗讀：
Listen to the following sentences, then fill in the blanks, and then read them aloud：
1) ＿＿＿＿＿星期日。
2) 我的朋友＿＿＿＿＿在北大學習。
3) 你能來真是＿＿＿＿＿。
4) 我＿＿＿＿＿一件毛衣。
5) 我住＿＿＿＿＿房間。
6) 你認識＿＿＿＿＿嗎？
7) 我弟弟今年＿＿＿＿＿。
8) 你的＿＿＿＿＿在我這兒。
9) 他去車站＿＿＿＿＿。
10) 她很喜歡喝＿＿＿＿＿。

2. 聽句子,選擇正確答案：
Listen to the sentences and choose the best answers：
1)   a   b

2)   a   b
3)   a   b
4)   a   b
5)   a   b
6)   a   b
7)   a   b
8)   a   b
9)   a   b
10) a   b

三、綜合練習 Comprehensive exercises

生　詞　　　New Words

1. 名牌　　　　　　　míngpái　　　famous; famous brand
2. 有出息　　　　　　yǒu chūxi　　do well; promising
3. 習慣　（動）　　　xíguàn　　　 get used to
4. 進步　（名）　　　jìnbù　　　　progress
5. 着急　（動、形）　zháojí　　　 be anxious; anxious
6. 經驗　（名）　　　jīngyàn　　　experience
7. 熱情　（形）　　　rèqíng　　　 enthusiastic
8. 餓　　（形）　　　è　　　　　　hungry
9. 請教　（動）　　　qǐngjiào　　 ask for advice; consult
10. 盡力　　　　　　 jìn lì　　　　do one's best
11. 分不清　　　　　 fēn bù qīng　 can not distinguish

對話(一)　兒子考上大學了

1. 聽第一遍,選擇正確答案:
   Listen to the conversation once and choose the best answers:
   1)老吳遇見老張時,老張正在做什麼?

   a   b   c

 2) 老張的孩子考上了哪所大學？

   a   b   c

 3) 明天老張家裏有什麼事？

   a   b   c

2. 聽第二遍,判別正誤並改正錯處：

 Listen again. Determine if the following statements are true or false, and then correct the false ones：

 1)   2)   3)

 4)   5)

3. 聽第三遍,聽後回答問題：

 Listen again and answer the questions：

 1) 老張家裏有什麼高興事？

 2) 老張和老吳關係怎麼樣？

對話(二)　　談　學　習

1. 聽第一遍,選擇正確答案：

 Listen to the conversation and choose the best answers：

 1) 王士文來北京後

   a   b   c

 2) 李海倫打算

   a   b   c

 3) 王士文請李海倫吃飯是因為

   a   b   c

2. 聽第二遍,邊聽邊填空,然後朗讀：

 Listen again. Fill in the blanks, and then read the sentences aloud：

1) 王士文覺得自己的學習_____不大,心里很着急。
2) 王士文想請李海倫給他_____經驗。
3) 李海倫要介紹的這位老師很_____,又很有_____。

3. 聽第三遍,聽後回答問題:
Listen again and answer the questions:
1)王士文來北京多長時間了?
2)李海倫是怎麼幫助王士文的?

對話(三)　　你認識胡老師嗎

1. 聽第一遍選擇正確答案:
Listen to the conversation and choose the best answers:
1) 李海倫給王士文介紹的老師
　　a　　　b　　　c
2) 這位老師
　　a　　　b　　　c
3) 李海倫和王士文
　　a　　　b　　　c

2. 聽第二遍,判別正誤並改正錯處:
Listen again. Determine if the following statements are true or false, and then correct the false ones:
1)　　　　　　2)　　　　　　3)
4)　　　　　　5)　　　　　　6)

3. 聽第三遍,聽後回答問題:
Listen again and answer the questions:
1)李海倫和胡老師是什麼時候認識的?

2)剛開始王士文以爲胡老師姓什麼?

四、 泛聽練習 Extensive listening comprehension exercises

聽下面的短文，看你能不能跳躍障礙詞語，理解全文：
Listen to the passage and try to get its main idea in spite of difficult words and phrases:

(一)　　我的一家

聽兩遍後填空（可以寫拼音）：
Listen to the passage twice and fill in the blanks (you may use *pinyin*) :

1) 王小雨家有_____口人，____、媽媽、哥哥、嫂子、_____和她。
2) 王小雨的爸爸媽媽都是_____。
3) 哥哥和嫂子在_____工作。
4) 王小雨是_____，今年_____歲了。
5) _____的孩子還不會說話，他才_____。

(二)　　麥克的朋友

1. 聽第一遍，選擇正確答案：
   Choose the best answers:
   1)　　a　　　　b
   2)　　a　　　　b
   3)　　a　　　　b
   4)　　a　　　　b
   5)　　a　　　　b

2. 聽第二遍，判別正誤：
   Listen again and determine if the following statements are true or false:
   1)　　2)　　　3)　　　4)　　　5)

第二課　Lesson 2

一、**語音練習　Phonetics**

1. 聽寫拼音：

   Dictation：

   1)　　　2)　　　3)　　　4)　　　5)

   　6)　　　7)　　　8)　　　9)　　　10)

   11)

   12)

   13)

   14)

   15) 昨天晚上下了块小雨

2. 聽我問，請你標出答句的重音：

   Listen to the following questions and mark the sentence stresses of the answers：

   1) 昨天我六點就起床了。
   2) 她是我表妹。
   3) 我前天到北京的。
   4) 我和朋友一起來的。
   5) 我沒聽天氣預報。
   6) 她是北京人。
   7) 不，他是大學教授。
   8) 吃過午飯再去吧。
   9) 我去商場買了點兒東西。
   10) 不，今天星期四。

3. 聽句子,邊聽邊標出"不"的聲調,然後朗讀:
Listen to the following sentences. Mark the tone of "不" in each of them, and then read them aloud:
1) 我不是香港人,我是澳門人。
2) 我不想去了,你自己去吧。
3) 對不起,我聽不懂你的話。
4) 小王有事,不來了。
5) 謝謝,我不會抽烟。
6) 你不喝咖啡,喝點兒茶吧。
7) 這個時候公共汽車不擠。
8) 這里的春天不常下雨。
9) 幾年不見,他老多了。
10) 這件大衣在香港穿不着,不用帶了。

二、 語法練習　Grammar exercises
1. 聽句子,邊聽邊填空,然後朗讀:
Listen to the following sentences. Fill in the blanks, and then read them aloud:
1) 我表姐是個公務員,__她__在香港工作。
2) __大家__請坐好,開始上課了。
3) 晚上你有事嗎?__咱們__一起去吃飯吧。
4) 快點兒,_____都在樓下等着呢。
5) __自己的__事應該__自己__做。
6) 請問,__那兒__有郵局?
7) 我的自行車在小王__那兒__。
8) 你看的__什麼__書?
9) 那個高個子姑娘是__誰__?
10) 請問,去天安門__怎麼__走?

2. 聽句子,選擇正確答案:
Listen to the sentences and choose the best answers:
1) a　　　　b　　　　c

2) a b c
3) a b c
4) a b c
5) a b c
6) a b c
7) a b c
8) a b c
9) a b c
10) a b c

三、綜合練習　Comprehensive exercises

生　詞	New Words

1. 會客　　　　　　hùi kè　　　receive a visitor
2. 要緊　（形）　　yàojǐn　　　important and urgent; serious
3. 規定　（名）　　guīdìng　　 regulation
4. 陪　　（動）　　péi　　　　 accompany
5. 鼻子　（名）　　bízi　　　　nose
6. 怕　　（動）　　pà　　　　　be afraid of

對話(一)　　在女生公寓門口

1. 聽第一遍後選擇正確答案：
Listen to the conversation and choose the best answers:
1) 他們在哪兒談話？
 a b c
2) 這個人要找誰？
 a b c
3) 他們談話時是幾點？
 a b c

2. 聽第二遍,判別正誤並改正錯處:
   Listen again. Determin if the following statements are true or false, and then correct the false ones:
   1)　　　　　　2)　　　　　　3)
   4)　　　　　　5)

3. 聽第三遍,聽後回答問題:
   Listen again and answer the questions:
   1)爲什麼看門的人不讓他進去?

   2)爲什麼他一定要進去?

對話(二)　　給表姐打電話

1. 聽第一遍,選擇正確答案:
   Listen to the conversation and choose the best answers:
   1) 少雄打電話是爲了
      a　　　　b　　　　c
   2) 表姐說對不起是因爲
      a　　　　b　　　　c
   3) 到這個城市後,少雄
      a　　　　b　　　　c
   4) 少雄的飛機是明天早上
      a　　　　b　　　　c

2. 聽第二遍,聽後判別正誤並改正錯處:
   Listen again. Determine if the following statement are true or false, and then correct the false ones:
   1)　　　　　　2)　　　　　　3)
   4)　　　　　　5)

10

3. 聽第三遍,回答問題:
   Listen again and answer the questions:
   1) 少雄明天幾點出發?他的飛機是幾點的?

   2) 表姐明天去不去送他?爲什麼?

對話(三)　巧　遇

1. 聽第一遍,選擇正確答案:
   Listen to the conversation and choose the best answers:
   1) 老王到這個城市來
      a 探親   b 出差   c 開會
   2) 老王和老李是
      a 新朋友 b 老同事 c 大學同學
   3) 老王要住在
      a 賓館   b 賓館   c 賓館
   4) 老王打算什麼時候去老李家?
      a 今天晚上 b 明天晚上 c 明天白天

2. 聽第二遍,判別正誤並改正錯處:
   Listen again. Determine if the following statements are true or false, and then correct the false ones:
   1)   2)   3)   4)   5)   6)

3. 聽第三遍,回答問題:
   Listen again and answer the questions:
   1) 老王爲什麼不能馬上去老李家?
   2) "鼻子下面有嘴"是什麼意思?

四、 泛聽練習　Extensive listening comprehension exercises
聽下面的短文,看你能不能跳躍障礙詞語,理解全文:
Listen to the passage and try to get its main idea in spite of diffi-

cult words and phrases:

（一） 圖書館什么時候開門

聽后回答：
Listen to the passage and answer the question：
我星期日晚上想去閱覽室，行嗎？

（二） 校園介紹

聽兩遍後劃出下面哪些是文中沒談到的內容：
Listen to the passage twice and identify which of the following are not mentioned in the text：

1)　　　2) 電話　3) 圖書館　4) 花園　5) 排球場
6)　　　7)　　　8)　　　9) 電影院　10)

第三課　Lesson 3

一、　**語音練習**　**Phonetics**

1. 聽寫拼音：

   Dictation：

   1) 校園　2)　　3) 當然　4) 教授　5) 打球
   6)　　7)　　8) 遊覽　9)　　10)
   11) 我是記者可以採訪你嗎
   12) 請你們
   13)
   14) 這老師教你們甚麼課？
   15)

2. 聽我問，請你標出答句的重音：

   Listen to the following questions and mark the sentence stresses of the answers：

   1) 當然可以。
   2) 一個多月了。
   3) 我是從新加坡來的。
   4) 學過一點兒。
   5) 我不認識。
   6) 越來越多了。
   7) 他們聊天兒呢。
   8) 我在食堂吃午飯。
   9) 謝謝，我不要。
   10) 隨便逛逛。

3. 聽句子,邊聽邊標出"一"的聲調,然後朗讀:
   Listen to the following sentences. Mark the tone of "一" in each of them, and then read them aloud:
   1) 別着急,這件事我還要想一想。
   2) 這裏的一切我都覺得很親切。
   3) 週末我們一般進城逛逛。
   4) 家裏一點兒吃的也沒有了。
   5) 教我們的除了胡老師以外,還有一位馮教授。
   6) 剛來北京時,我一個人也不認識。
   7) 上課時,我們一邊聽,一邊記。
   8) 放心吧,明天我一定來!
   9) 咱們一塊兒去吃飯吧!
   10) 我是和朋友一起來的,他在門口等着呢。

二、 語法練習 Grammar exercises

1. 聽句子,邊聽邊填空,然後朗讀:
   Listen to the following sentences. Fill in the blanks, and then read them aloud:
   1) 下午就要出發了,我的行李還沒_____好呢。
   2) 這個字我也不__認識__,咱們去問問老師吧。
   3) 來中國以後,我們__游覽__了不少名勝古蹟。
   4) 電視臺的記者_____了一位老作家。
   5) 我不__喜歡__住在這兒。
   6) 每天早上__跑跑步__,_____,對身體很有好處。
   7) 同屋__告訴__我今天有雨。
   8) 媽媽總是__擔心__她的身體。
   9) 昨天我一夜沒__睡覺__。
   10) 朋友們舉起杯,__祝賀__小王生日快樂。

2. 聽對話,選擇正確答案:
   Listen to the dialogue and choose the best answers:
   1) 他們那兒學英語的人

　　　　　a 不多　　　b 紀念　　c 以前孩子太多,現在
2) 在晚會上
　　　　　a　　　　　b　　　　c
3) 李先生從哪兒回來?
　　　　　a 從國外　　b　　　　c
4) 他們來這兒幹什麼?
　　　　　a 來這遊覽　b 來這學習　c
5) 他學英語是因為
　　　　　a 他不懂英語 b 工作需要　c 想出國
6) 他懂什麼外語?
　　　　　a 法語　　　b 英語　　　c 法語和英語
7) 男的意思是
　　　　　a 請您　　　b 我　　　　c
8) 這句話的意思是
　　　　　a 每天都一樣 b 每　　　　c 每天都有變化
9) 從這句話我們知道
　　　　　a 小王還未結婚 b　　　　c 小王的太太了好
10) 女的意思是
　　　　　a 訪問是誰 b　　　　　c 明天要上課
　　　　　　說的

三、綜合練習　Comprehensive exercises

生　　詞　　New Words

1. 駐　　　（動）　　zhù　　　　　　be stationed; stay
2. 聯係　　（名、動）liánxì　　　　　connection; connect
3. 收獲　　（名、動）shōuhuò　　　　gain; harvest; get
4. 瞭解　　（名、動）liǎojiě　　　　 understanding;
　　　　　　　　　　　　　　　　　　find out ; know
5. 情況　　（名）　　qíngkuàng　　　information; situation
6. 環境污染　　　　　huánjìng wūrǎn　environmental pollution

15

7. 嚴重　（形）　yánzhòng　serious
8. 寸步難行　cùn bù nán xíng　can not move a single step; be unalble to do anything

對話（一）　　記者採訪

1. 聽第一遍,選擇正確答案:
   Listen to the conversation and choose the best answers:
   1) 陳美玲在哪兒工作？
      a 香港　　b 北京　　c 內地
   2) 陳美玲學習普通話是爲了
      a 工作　　b 旅游　　c
   3) 她以前學過普通話嗎？
      a 學過　　b 學過一點　c 未學過
   4) 她覺得普通話什麼最難？
      a 語法　　b 漢字　　c 發音

2. 聽第二遍,判別正誤並改正錯處:
   Listen again. Determine if the following statements are true or false, and then correct the false ones:
   1)　　　　2)　　　　3)
   4)　　　　5)　　　　6)

3. 聽第三遍,聽後回答問題:
   Listen again and answer the questions:
   1) 陳美玲爲什麼要學習普通話？

   2) 她能學好嗎？爲什麼？

對話（二）　　去内地的收獲

1. 聽第一遍,選擇正確答案:

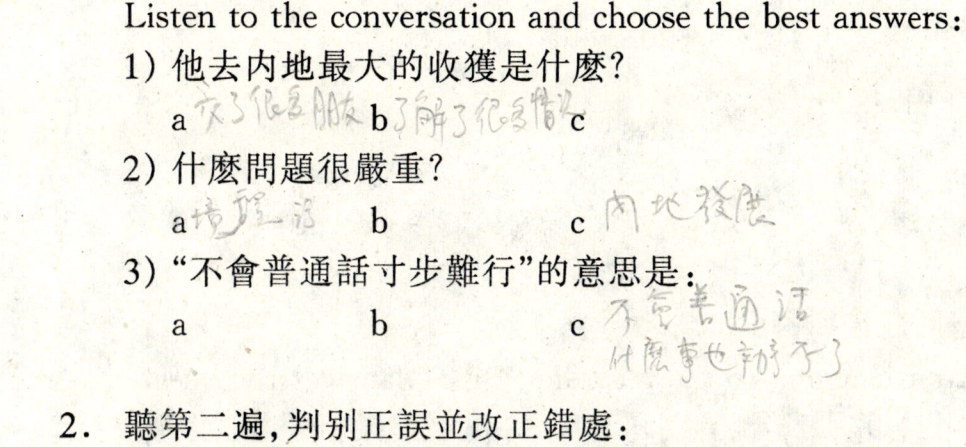

Listen to the conversation and choose the best answers：
1) 他去內地最大的收獲是什麼？
   a 交了很多朋友 b 了解了很多情況 c
2) 什麼問題很嚴重？
   a 講國語 b c 內地發展
3) "不會普通話寸步難行"的意思是：
   a b c 不會普通話什麼事也辦不了

2. 聽第二遍，判別正誤並改正錯處：
   Listen again. Determine if the following statements are true or false, and then correct the false ones：
   1)   2)   3)
   4)   5)

3. 聽第三遍，聽後回答問題：
   Listen again and answer the questions：
   1) 他去內地有什麼收獲？

   2) 他爲什麼要學習普通話？

四、泛聽練習　Extensive listening comprehension exercise
聽下面的短文，看你能不能跳躍障礙詞語，理解全文：
Listen to the passage and try to get its main idea in spite of difficult words and phrases：

（一）　節日時間安排

下面是一張日曆的一部分，請參看下表聽錄音：
Here is a part of a calendar. Listen to the tape while looking at it：

	日	一	二	三	四	五	六
九月	22	23	24	25	26	27	28
	29	30					
十月			1	2	3	4	5
	6	7	8	9	10	11	12

聽兩遍後回答：

After listening to the recording twice, answer the questions :

1) 9月28號星期六和9月30號星期一學校上課嗎？

2) 國慶節後哪天開始上課？

（二）　　我家的早晨

1. 聽第一遍,選擇正確答案：

   Listen and choose the best answers：
   1) a　　　b　　　c
   2) a　　　b　　　c
   3) a　　　b　　　c
   4) a　　　b　　　c

2. 聽第二遍,判別正誤：

   Listen again and determine if the following statements are true or false：
   1)　　2)　　3)　　4)　　5)
   6)　　7)　　8)　　9)　　10)

第四課　Lesson 4

一、**語音練習　Phonetics**

1. 聽寫拼音：
   Dictation：
   1)　　　2)　　　3)　　　4)　　　5)
   　6)　　　7)　　　8)　　　9)　　　10)
   11)
   12)
   13)
   14)
   15)

2. 聽我問，請你標出答句的重音：
   Listen to the following questions and mark the sentence stresses:
   1) 沒錯，我就是。
   2) 一共四個人。
   3) 不，我不住二層，我住三層。
   4) 我和同屋一起去的。
   5) 這是我的小表妹。
   6) 非常乾淨。
   7) 不，我們説普通話。
   8) 週末就去。
   9) 我們坐火車去。
   10) 已經七點半了。快起來吧，該吃早飯了。

3. 聽我問,請你用所給的詞語回答問題,注意輕聲的讀法:
Listen to the questions and answer them with the given words or phrases. Pay attention to the pronunciation of the characters in the neutral tone:
 1) 進來   2) 痛快
 3) 收拾   4) 客人
 5) 逛逛   6) 頭髮
 7) 東西   8) 妹妹
 9) 學生   10) 天氣

二、 語法練習　Grammar exercises
1. 聽句子,邊聽邊填空,填後朗讀:
Listen to the following sentences. Fill in the blanks, and then read them aloud:
 1) 操場東邊是學生_____。
 2) 留學生公寓有_____間,也有_____間。
 3) _____裏有很多四個人的_____。
 4) 他_____去英國留學。
 5) 馮教授的書快有_____那麼多了。
 6) 小玉一邊_____,一邊聽我們說話。
 7) 我要去一下兒_____,沒_____用了。
 8) 這個月_____二十八天。
 9) 媽媽對我說,我_____你過生日時有新衣服穿。
 10) 老王,你_____買到球賽的票嗎?

2. 聽對話,聽後選擇正確答案:
Listen to the dialogue and choose the best answers:
 1) 談話的兩個人是
  a   b   c
 2) 這個房間住幾個人?
  a   b   c

3) 他們説的是什麼地方？
    a   b   c

4) 男的帶來了什麼？
    a   b   c

5) 女的意思是
    a   b   c

6) 窗子打破是因爲
    a   b   c

7) 他的孩子有多高？
    a   b   c

8) 什麼地方冷？
    a   b   c

9) 女的意思是
    a   b   c

10) 男的意思是
    a   b   c

三、　綜合練習　Comprehensive exercises

生　詞　New Words

1.	佈置	（動）	bùzhì	fix up
2.	新居	（名）	xīnjū	new home (new residence)
3.	小區	（名）	xiǎoqū	a residential area
4.	郊區	（名）	jiāoqū	suburbs
5.	空氣	（名）	kōngqì	air
6.	噪音	（名）	zàoyīn	noise
7.	犧牲	（動）	xīshēng	sacrifice
8.	喬遷之喜		qiáoqiān zhī xǐ	the happiness of moving in to a new house
9.	厨房	（名）	chúfáng	kitchen

10. 衛生間　（名）　wèishēngjiān　washroom (toilet)
11. 藝術家　（名）　yìshùjiā　artist
12. 實用　　（形）　shíyòng　　practical
13. 舒適　　（形）　shūshì　　　comfortable

對話（一）　　小陳的宿舍

1. 聽第一遍，選擇正確答案：
   Listen to the conversation and choose the best answers：
   1) 小陳去哪兒了？
      a　　　　b　　　　c
   2) 小陳什麼時候出去的？
      a　　　　b　　　　c
   3) 他們宿舍有幾張床？
      a　　　　b　　　　c

2. 聽第二遍，聽後判別正誤並改正錯處：
   Listen again. Determine if the following statements are true or false, and then correct the false ones：
   1)　　　　　2)　　　　　3)
   4)　　　　　5)

3. 再聽一遍，回答問題：
   Listen again and answer the questions：
   小陳的宿舍今天整潔嗎？爲什麼？

對話（二）　　小張搬家

1. 聽第一遍，選擇正確答案：
   Listen to the conversation and choose the best answers：
   1) 小張爲什麼高興？
      a　　　　b　　　　c

2) 小張的新家什麼地方最方便？
   a   b   c
3) 搬家以後小張上班怎麼樣？
   a   b   c

2. 聽第二遍,聽後判別正誤並改正錯處：
   Listen again. Determine if the following statements are true or false, and then correct the false ones：
   1)   2)   3)   4)
   5)   6)   7)   8)

3. 聽第三遍,回答問題：
   Listen again and answer the questions：
   1) 小張的新居周圍環境怎麼樣？

   2) 新搬的地方有哪些好處？不好的地方是什麼？

對話(三)　　你去過小張家嗎

1. 聽第一遍,選擇正確答案：
   Listen to the conversation and choose the best answers：
   1) 男的去過小張家嗎？
      a   b   c
   2) 小張家佈置得怎麼樣？
      a   b   c
   3) 小張佈置新居
      a   b   c

2. 聽第二遍,判別正誤並改正錯處：
   Listen again. Determine if the following statements are true or false, and then correct the false ones：
   1)   2)   3)   4)

23

3. 再聽一遍，回答問題：
   Listen again and answer the questions：
   1) 小張的新居怎麼樣？

   2) "少花錢也能辦大事"是什麼意思？

四、 泛聽練習　Extensive listening comprehension exercises
聽下面的短文，看你能不能跳躍障礙詞語，理解全文：
Listen to the passage and try to get its main idea in spite of difficult words and phrases：

（一）　　租房啓事

1. 聽兩遍後回答：
   Listen to the passage twice and answer the questions：
   1) 誰要租房子？幹什麼用？

   2) 他們要租什麼樣的房子？地點在哪兒？

   3) 房租怎麼決定？

   4) 聯繫電話是多少？

2. 聽兩遍後回答：
   Listen to the passage twice and answer the questions：
   1) 這個人要租房幹什麼用？

   2) 他要租什麼樣的房子？有什麼要求？

   3) 地點在哪兒？

4) 聯係電話是多少?

(二) 朋友老王

聽兩遍以後判別正誤:

Listen to the passage twice and determine if the following statements are true or false:

1) 老王經常在外邊推銷產品。
2) 他今天去廣州,明天去哈爾濱。
3) 老王有13個月不在家。
4) 全國32個省市他都去過。
5) 他對全國各地的名勝古蹟很瞭解。
6) 他出差時可以遊覽很多地方。
7) 他收集了很多張旅遊圖。
8) 老王已經退休了。

第 五 課　Lesson 5

一、 **語音練習**　**Phonetics**

1. 聽寫拼音：
Dictation：
   1)　　2)　　3)　　4)　　5)
   6)　　7)　　8)　　9)　　10)
   11)
   12)
   13)
   14)
   15)

2. 聽我問,請你標出答句的重音：
Listen to the following questions and mark the sentence stresses of the answers：
   1) 我們那兒冬天很暖和。
   2) 香山公園最好玩兒。
   3) 外邊下雪了。
   4) 我們游泳去。
   5) 是一棵樹。
   6) 他們打雪仗呢。
   7) 不是,我的衣服是綠的。
   8) 玩兒得特別開心。
   9) 明天有大風。
   10) 一年四季都開。

3. 聽我問,請你用所給的詞語回答問題,注意兒化音的使用:
   Listen to the questions and answer them with the given words or phrases. Pay attention to the r-ending retroflexion:
   1) 一點兒
   2) 一點
   3) 一塊五
   4) 一塊兒
   5) 90 分兒
   6) 50 分鐘
   7) 公園兒
   8) 頤和園
   9) 飯館兒
   10) 圖書館

二、 語法練習 Grammar exercises
1. 聽句子,邊聽邊填空,填後朗讀:
   Listen to the following sentences. Fill in the blanks, and then read them aloud:
   1) 天上_____着白雲,地上_____了紅葉。
   2) 大人、孩子都跑出來____雪人,打_____。
   3) _____下,_____上,到處開滿了_____。
   4) 春天,人們到公園裏去_____。
   5) 下雪的時候,_____和_____都變白了。
   6) 在湖上_____很有意思。
   7) 我會_____,不會_____。
   8) 穿上這件衣服,我有一種新的_____。
   9) 又_____了,快關上_____吧!
   10) 快進來,房間裏_____。

2. 聽對話,選擇正確答案:
   Listen to the dialogue and choose the best answers:
   1) 他們在說什麼?

   a   b   c

2）女的意思是

   a   b   c

3）男的意思是

   a   b   c

4）他不喜歡的季節是

   a   b   c

5）兩個人談話時是

   a   b   c

6）男的意思是

   a   b   c

7）這句話的意思是

   a   b   c

8）這句話的意思是：這裏的夏天

   a   b   c

9）什麼時候去香山最好？

   a   b   c

10）這句話的意思是

   a   b   c

三、　綜合練習　**Comprehensive exercises**

生　詞　　New Words

1.	愛好	（動）	àihào	love, like, be keen on
2.	勇敢	（形）	yǒnggǎn	brave
3.	算	（動）	suàn	be considered as
4.	零下		líng xià	below zero centigrade
5.	灰濛濛	（形）	huīméngméng	gloomy

對話(一)　　冬天好還是夏天好

1. 聽第一遍，判別正誤並改正錯處：
   Listen to the conversation. Determine if the following statements are true or false, and then correct the false ones:
   1)　　　2)　　　3)　　　4)
   5)　　　6)　　　7)

2. 聽第二遍，選擇下列句子的正確解釋：
   Listen again and choose the best explanation of each of the following sentences according to the conversation:
   1) "凍得要死不說，還得穿厚厚的衣服，幹什麼都不方便。"
      這句話的意思是
      a　　　b　　　c
   2) "我是體育愛好者，冬天可以滑冰、滑雪，這可都是勇敢者的運動。"
      說這句話的人認爲
      a　　　b　　　c
   3) "哎呀，怎麼又颳風了，快關上窗子吧"
      說話的人
      a　　　b　　　c

3. 聽第三遍，回答問題：
   Listen again and answer the questions:
   1) 女的爲什麼喜歡夏天？

   2) 男的爲什麼喜歡冬天？

對話(二)　　南方好還是北方好

1. 聽第一遍，選擇正確答案：
   Listen to the conversation and choose the best answers:

1）今天氣温多少度？
   a　　　　b　　　　c
2）女的是什麽地方人？
   a　　　　b　　　　c
3）女的希望下雪主要是因爲
   a　　　　b　　　　c

2. 聽第二遍,判别正誤並改正錯處：
   Listen again. Determine if the following statements are true or false, and then correct the false ones：
   1)　　　2)　　　3)　　　4)
   5)　　　6)　　　7)

3. 聽第三遍,回答問題：
   Listen again and answer the questions：
   1）女的爲什麽不喜歡北方？

   2）下雪的時候景色怎麽樣？

四、 **泛聽練習** Extensive listening comprehension exercises
聽下面的短文,看你能不能跳躍障礙詞語,理解全文：
Listen to the passage and try to get its main idea in spite of difficult words and phrases：

（一）　　天氣預報二則

1. 聽錄音,填寫下表：
   Listen to the tape and fill in the chart below with the information you have got：

時　　　間	氣　　象	風　　向	風　　力	最高(低)氣溫(℃)
今天白天				
今天夜間				

2. 聽錄音,填寫下表:

Listen to the tape and fill in the chart below with the information you have got:

城　　市	氣　　象	氣　温(℃)
北京	晴	
哈爾濱		−11℃ −7℃
烏魯木齊	多雲	
西安		
成都	小雨轉陰	
昆明		8℃ −16℃
上海	晴轉多雲	
廣州		
臺北	多雲轉晴	
香港		14℃ −24℃
澳門	多雲轉陰	
北京		

（二）　北　極

聽兩遍後判別正誤:

Listen to the passage twice and determine if the following statements are true or false:

1)　　　　2)　　　　3)　　　　4)
5)　　　　6)　　　　7)　　　　8)

第六課　Lesson 6

一、**語音練習**　Phonetics

1. 聽寫拼音：
   Dictation：
   1)　　2)　　3)　　4)　　5)
   6)　　7)　　8)　　9)　　10)
   11)
   12)
   13)
   14)
   15)

2. 聽我問,請你標出答句的重音：
   Listen to the following questions and mark the sentence stresses of the answers：
   1) 我今天不上班。
   2) 我下午不出車,晚上出車。
   3) 上月 15 號回來的。
   4) 我上月才回來。
   5) 一個朋友。
   6) 一個朋友的宿舍。
   7) 我都看過了。
   8) 我都看過了。
   9) 我們都坐車去。
   10) 我們都去。

3. 聽句子,請你標出重音並摹做,注意理解它們的意思:
   Listen to the following sentences. Mark the sentence stress and then imitate. Pay attention to the meaning of the sentences:
   1) 想起來了
   2) 想起來了
   3) 説不下去了
   4) 説不下去了
   5) 説不出來了
   6) 説不出來了
   7) 一本書
   8) 一本書
   9) 會説英語
   10) 會説英語

二、 語法練習　Grammar exercises
1. 聽句子,邊聽邊填空,然後朗讀:
   Listen to the following sentences. Fill in the blanks and then read them aloud:
   1) 環境污染是一個_____問題。
   2) 你們説的塞車,普通話叫_____。
   3) 他從農村來這兒_____,_____點兒錢回去結婚。
   4) 我在這兒住了_____,從來沒見過這種事。
   5) 你看,地鐵的_____在那邊。
   6) 王士文坐_____時常和司機_____。
   7) 小王白天上班,晚上去_____學習。
   8) 孩子剛一歲半,媽媽就把她送到_____去了。
   9) 過_____的時候,一定要走人行橫道。
   10) 每天上班我都_____這座_____。

2. 聽對話,選擇正確答案:
   Listen to the dialogue and choose the best answers:

1) a b c
2) a b c
3) a b c
4) a b c
5) a b c
6) a b c
7) a b c
8) a b c
9) a b c
10) a b c

三、 綜合練習　Comprehensive exercises

生詞　New Words

1.	寬	（形）	kuān	wide
2.	遵守	（動）	zūnshǒu	observe
3.	規則	（名）	guīzé	regulation
4.	警察	（名）	jǐngchá	policeman
5.	倒(車)	（動）	dǎo(chē)	change (buses)
6.	算了		suànle	let it be
7.	隨(你)便		suí(nǐ)biàn	do as you like

對話(一)　北京的交通

1. 聽第一遍, 選擇正確答案:
   Listen to the conversation and choose the best answers:
   1) a b c
   2) a b c
   3) a b c
   4) a b c

2. 聽第二遍,判別正誤並改正錯處:
Listen again. Determine if the following statements are true or false, and then correct the false ones:
1)　　　　　2)　　　　　3)
4)　　　　　5)　　　　　6)

對話(二)　　去故宮怎麼走

1. 聽第一遍,記下你聽到了哪些地名(可以寫拼音):
Listen to the dialogue and write down the names of the places you have heard (you can use *pinyin*):

2. 聽第二遍,判別正誤並改正錯處:
Listen again. Determine if the following statements are true or false, and then correct the false ones:
1)　　　　　2)　　　　　3)
4)　　　　　5)　　　　　6)

3. 再聽一遍後回答問題:
Listen again and answer the questions:
1) 坐公共汽車去故宮一共有幾條路綫?

2) 黃小玉最後決定怎麼去?爲什麽?

四、 泛聽練習　Extensive listening comprehension exercises
聽下面的短文,看你能不能跳躍障礙詞語,理解全文:
Listen to the passage and try to get its main idea in spite of difficult words and phrases:

（一）　　火車時刻

聽兩遍後回答：
Listen to the passage twice and answer the question：
他們應該坐哪趟車？

（二）　　世界各國的地鐵

聽兩遍後根據課文內容填空（可以寫拼音）：
Listen to the passage twice and fill in the blanks（you can use *pinyin*）：
1）交通擁擠在許多大城市是令人_____的問題。
2）世界上有60多個城市_____了地鐵，它們有不同的_____。
3）世界上第一條地鐵在_____，是_____年建成的。
4）總長度居世界第一位的是_____地鐵，全長_____公里。
5）_____居世界首位的是莫斯科地鐵，它是倫敦地鐵的4倍。
6）莫斯科地鐵被稱爲世界上_____、_____的地鐵。
7）_____、設備_____的地鐵是法國的地鐵。
8）紐約的地鐵_____最多。
9）墨西哥的地鐵票價_____。

第 七 課　Lesson 7

一、**語音練習　Phonetics**

1. 聽寫拼音：
   Dictation：
   1)　　　2)　　　3)　　　4)　　　5)
   6)　　　7)　　　8)　　　9)　　　10)
   11)
   12)
   13)
   14)
   15)

2. 聽我問,請你標出答句的重音：
   Listen to the following questions and mark the sentence stresses of the answers：
   1) 在集貿市場買的。
   2) 不是三塊五一個,是三塊五一斤。
   3) 已經够便宜的了。
   4) 不,這是鴨蛋。
   5) 這叫鴨梨。
   6) 你嘗嘗就知道了。
   7) 不,我自己做飯。
   8) 比這兒貴多了。
   9) 五塊六一斤。
   10) 我喜歡吃辣的。

3. 聽句子,請你標出重音並摹做,注意理解它們的意思:
Listen to the following sentences. Mark the sentence stress and then imitate. Pay attention to the meaning of the sentences:

1) 沒進去
2) 沒進去
3) 你怎麼才來
4) 我才來一天
5) 打開
6) 打不開
7) 拿住
8) 站住
9) 這是茄子
10) 這是茄子

二、 語法練習 Grammar exercises
1. 聽句子,邊聽邊填空,填後朗讀:
Listen to the following sentences. Fill in the blanks and then read them aloud:

1) 有_____的地方總是很____。
2) 買的_____,賣的大聲____。
3) 這裏賣的_____又_____又_____。
4) 這種橙子樣子_____,吃起來_____得很。
5) 西紅柿多少錢一_____?
6) 看你吃得真_____,我都要流_____了。
7) 這種_____北方沒有。
8) 聽說,_____吃多了容易_____。
9) 市場裏的魚蝦都是_____的。
10) 你吃過_____嗎?

2. 聽句子,選擇正確答案:
Listen to the dialogue and choose the best answers:

1) a b c
2) a b c
3) a b c
4) a b c
5) a b c
6) a b c
7) a b c
8) a b c
9) a b c
10) a b c

三、 綜合練習　Comprehensive exercises

生　詞　New Words

1. 內行　（名、形）　nèiháng　　expert; adept
2. 建議　（名、動）　jiànyì　　advice; to advise
3. 化妝品　（名）　huàzhuāngpǐn　cosmetics
4. 絲綢　（名）　sīchóu　　silk
5. 品種　（名）　pǐnzhǒng　kind, variety
6. 滿足　（動）　mǎnzú　　satisfy
7. 手絹　（名）　shǒujuàn　handkerchief
8. 合適　（形）　héshì　　fit; suit
9. 地道　（形）　dìdao　　genuine
10. 精細　（形）　jīngxì　　fine
11. 質量　（名）　zhìliàng　quality
12. 收款臺　（名）　shōukuǎntai　cash desk
13. 付款　（動）　fùkuǎn　　pay

對話（一）　去哪兒買東西

1. 聽第一遍，判別正誤並改正錯處：

39

Listen to the conversation. Determine if the following statements are true or false and then correct the false ones:

1)   2)   3)
4)   5)   6)

2. 聽第二遍,選擇正確答案:

Listen once more and choose the best answers:

1) a   b   c
2) a   b   c
3) a   b   c
4) a   b   c

3. 再聽一遍,回答問題:

Listen again and answer the questions:

1) 李海倫建議林美娟買什麼禮物?

2) 李海倫建議林美娟去哪兒買禮物?爲什麼?

對話(二)   林美娟買禮物

1. 聽第一遍,判別正誤並改正錯處:

Listen to the conversation. Determine if the following statements are true or false and then correct the false ones:

1)   2)   3)
4)   5)   6)

2. 聽第二遍,選擇正確答案:

Listen once more and choose the best answers:

1) a   b   c
2) a   b   c
3) a   b   c

3. 聽第三遍，回答問題：
   Listen again and answer the questions：
   1) 這件睡衣貴不貴？林美娟爲什麽買了？

   2) "一分錢一分貨"是什麽意思？

四、 泛聽練習　Extensive listening comprehension exercises
   聽下面的短文，看你能不能跳躍障礙詞語，理解全文：
   Listen to the passage and try to get its main idea in spite of difficult words and phrases：

（一）　　商品廣告三則

1. 聽兩遍後回答：
   Listen to the passage twice and answer the questions：
   1) 展銷在哪個商場舉行？

   2) 小王要買一套西裝和一雙皮鞋，那裏能不能滿足他的要求？

2. 聽兩遍後回答：
   Listen to the passage twice and answer the questions：
   1) 想買一臺長虹牌彩色電視機，去哪個商場？

   2) 那裏可以便宜多少錢？

3. 聽兩遍後回答：
   Listen to the passage twice and answer the questions：
   1) 這條廣告是關於哪一類商品的？

2) 在哪個商場有這些商品？

3) 什麼時間有優惠？

（二） 怎麼討價還價

1. 聽兩遍後判別正誤：
   Listen to the passage twice and determine if the following statements are true or false：
   1)　　　　2)
   3)　　　　4)
   5)　　　　6)
2. 聽第三遍後，簡單回答問題：
   Listen again and answer the questions：
   討價還價有哪三條規則？

第八課　Lesson 8

一、**語音練習　Phonetics**

1. 聽寫拼音：
   Dictation：
   1)　　2)　　3)　　4)　　5)
   6)　　7)　　8)　　9)　　10)
   11)
   12)
   13)
   14)
   15)

2. 聽我問，請你標出答句的重音：
   Listen to the following questions and mark the sentence stresses of the answers：
   1) 我喜歡滑冰。
   2) 我非常喜歡。
   3) 我們去亞運村打網球。
   4) 我才沒喝醉呢。
   5) 我有時跑跑步。
   6) 已經開始半天了。
   7) 紅隊踢得好。
   8) 我從小就練了。
   9) 到處都有體育場。
   10) 鍛煉了。

3．聽句子,請你標出所給詞語的聲調並摹做句子：
Listen to the following sentences. Mark the tones of the following given words or phrases, and then imitate：
1) 熱鬧
2) 熱熱鬧鬧
3) 漂亮
4) 漂漂亮亮
5) 地道
6) 地地道道
7) 乾淨
8) 乾乾淨淨
9) 涼快
10) 涼涼快快

二、 語法練習　Grammar exercises
1．聽句子,邊聽邊填空,然後朗讀：
Listen to the following sentences. Fill in the blanks and then read them aloud：
1) 學校裏的健身房_____很好。
2) 每次_____,小王都是_____。
3) 我不會_____,喝一小杯就會_____。
4) 喝點兒啤酒,聽聽_____,真是一種_____。
5) _____高爾夫球場要_____大量土地。
6) 買這種房子可以_____。
7) 圖書館的閱覽證不能_____。
8) 海德先生打算明年來中國_____。
9) 老王幹什麼都是_____的。
10) 忙了一天,累得_____,什麼也不想幹了。

2．聽下列句子和對話,選擇正確答案：
Listen to the sentences and dialogues, then choose the best answers：

1) a b c
2) a b c
3) a b c
4) a b c
5) a b c
6) a b c
7) a b c
8) a b c
9) a b c
10) a b c

三、綜合練習　Comprehensive exercises

生詞　New Words

1. 姿勢　（名）　zīshì　　　　　posture
2. 場地　（名）　chǎngdì　　　　sports ground; court
3. 體力　（名）　tǐlì　　　　　　physical strength
4. 貴族化　　　　guìzúhuà　　　aristocratic
5. 懶　　（形）　lǎn　　　　　　lazy
6. 體操　（名）　tǐcāo　　　　　physical exercises; gymnastics
7. 群衆性（名）　qúnzhòngxìng　popular
8. 敲鑼打鼓　　　qiāo luó dǎ gǔ　beat drums and gongs
9. 扭秧歌　　　　niǔ yāngge　　do the yangko dance
10. 娛樂　（名、動）yúlè　　　　entertainment; entertain
11. 景觀　（名）　jǐngguān　　　scene

對話（一）　懶人談運動

1. 聽第一遍，選擇正確答案：
   Listen to the conversation and choose the best answers:

45

1) a   b   c
2) a   b   c
3) a   b   c

2. 聽第二遍,判別正誤並改正錯處:
Listen again. Determine if the following statements are true or false, and then correct the false ones:
1)   2)   3)
4)   5)   6)

3. 聽第三遍,回答問題:
Listen again and answer the questions:
1) 女的說什麼運動對男的最合適？爲什麼？

2) 男的到底喜歡什麼運動？

對話(二)　　群衆性體育活動

1. 聽第一遍,選擇正確答案:
Listen to the conversation and choose the best answers:
1) a   b   c
2) a   b   c
3) a   b   c

2. 聽第二遍,判別正誤並改正錯處:
Listen again. Determine if the following statements are true or false, and then correct the false ones:
1)   2)   3)
4)   5)

3. 聽第三遍,回答問題:

Listen again and answer the questions:
1) 在內地,人們一般怎麼鍛煉?

2) 條件不好能不能鍛煉?怎麼鍛煉?

四、 泛聽練習　Extensive listening comprehension exercises
聽下面的短文,看你能不能跳躍障礙詞語,理解全文:
Listen to the passage and try to get its main idea in spite of difficult words and phrases:

（一）　亞運村

聽兩遍後回答:
Listen twice and answer the questions :
1) 亞運村有哪些體育設施?(最少回答三個)

2) 除了體育運動以外,那裏還可以幹什麼?(最少回答三個)

（二）　奧運會

1. 聽兩遍後判別正誤:
Listen to the passage twice and determine if the following statements are true or false:
1)　　　　2)　　　　3)　　　　4)
5)　　　　6)　　　　7)　　　　8)

2. 聽第三遍後簡單介紹一下奧運會。
Listen again and give a brief introduction to the Olympic Games.

第九課　Lesson 9

一、**語音練習**　**Phonetics**

1. 聽寫拼音：
   Dictation：
   1)　　2)　　3)　　4)　　5)
   6)　　7)　　8)　　9)　　10)
   11)
   12)
   13)
   14)
   15)

2. 聽我問，請你標出答句的重音：
   Listen to the following questions and mark the sentence stresses of the answers：
   1) 我感冒了。
   2) 我頭疼。
   3) 已經好幾天了。
   4) 吃了，不見效。
   5) 我就怕上醫院。
   6) 我去醫院了。
   7) 這不，藥袋上都寫着呢。
   8) 好幾年前就得了。
   9) 你的病得住院治療。
   10) 不，這兒是眼科。

3. 聽我問,請你用所給的詞語回答問題,注意輕聲的讀法:
   Listen to the questions and answer them with the given words or phrases. Pay attention to the pronunciation of the characters in the tone :
   1) 做生意
   2) 打招呼
   3) 佈置
   4) 翻譯
   5) 告訴
   6) 厲害
   7) 咳嗽
   8) 活動
   9) 故事
   10) 姿勢

二、 語法練習　Grammar exercises
   1. 聽句子,邊聽邊填空,然後朗讀:
      Listen to the following sentences. Fill in the blanks and then read them aloud:
      1) 吃藥沒有打針＿＿＿快。
      2) 這種藥有＿＿＿的療效。
      3) 長城是世界＿＿＿的古蹟。
      4) 金大夫的臉上總是掛着＿＿＿的＿＿＿。
      5) 經過＿＿＿旅行,大家都累壞了。
      6) 聽說他得了＿＿＿＿,是真的嗎?
      7) 這個商店的售貨員總是＿＿＿着＿＿＿顧客。
      8) 你給我們講講在國外生活的＿＿＿吧。
      9) 王先生已是＿＿＿之年,身體還那麼好。
      10) 病人＿＿＿大夫的話,＿＿＿吃藥,＿＿＿鍛煉,很快就＿＿＿了健康。

   2. 聽對話,選擇正確答案:

Listen to the dialogue and choose the best answers:

1) a b c
2) a b c
3) a b c
4) a b c
5) a b c
6) a b c
7) a b c
8) a b c
9) a b c
10) a b c

三、 綜合練習 Comprehensive exercises

生 詞 New Words

1.	科長	（名）	kēzhǎng	section chief
2.	請假		qǐng jià	ask for leave
3.	見好	（動）	jiàn hǎo	get better; be on the mend
4.	臥床	（動）	wò chuáng	lie (stay) in bed
5.	報告	（名）	bàogào	report
6.	減肥		jiǎn féi	lose weight
7.	苦惱	（名）	kǔ'nǎo	worry
8.	輿論	（名）	yúlùn	public opinion
9.	臉色	（名）	liǎnsè	look
10.	胃口	（名）	wèikǒu	appetite
11.	勁兒	（名）	jìnr	strength
12.	胃	（名）	wèi	stomach
13.	靠	（動）	kào	be dependent on
14.	結果	（名）	jiéguǒ	result

對話(一)　　請病假

1. 聽第一遍,判別正誤并改正錯處:
   Listen to the conversation. Determine if the following statements are true or false and then correct the false ones:
   1)　　　　2)　　　　3)　　　　4)
   5)　　　　6)　　　　7)　　　　8)

2. 聽第二遍,邊聽邊填空,然後朗讀:
   Listen once more. Fill in the blanks and then read the sentences aloud:
   1) 陳亞芬打電話向科長_____。
   2) 她頭疼,_____,還有點兒_____。
   3) 大夫_____她_____休息。
   4) 科長對她帶病_____工作很感謝。
   5) 她把科長要的_____寫完了。

3. 聽第三遍,回答問題:
   Listen again and answer the questions:
   1) 陳亞芬為什麼給科長打電話?

   2) 打電話時科長怎麼說?

對話(二)　　王士文減肥

1. 聽第一遍,選擇正確答案:
   Listen to the conversation and choose the best answers:
   1) a　　　b　　　c
   2) a　　　b　　　c
   3) a　　　b　　　c

51

4) a　　　　　b　　　　　c

2. 聽第二遍，判別正誤並改正錯處：
   Listen again. Determine if the following statements are true or false, and then correct the false ones：
   1)　　　　　2)　　　　　3)　　　　　4)
   5)　　　　　6)　　　　　7)　　　　　8)

3. 聽第三遍，回答問題：
   Listen again and answer the questions：
   1) 王士文爲什麽下決心減肥？

   2) 他是怎麽減肥的？結果怎麽樣？

四、泛聽練習　Extensive listening comprehension exercises

聽下面的短文，看你能不能跳躍障礙詞語，理解全文：
Listen to the passage and try to get its main idea in spite of difficult words and phrases：

（一）　針灸療法

1. 聽第一遍，邊聽邊填空：
   Listen to the passage and fill in the blanks：
   1) 針灸療法是中醫常用的＿＿＿＿方法。
   2) 它廣泛應用于＿＿＿＿、外科、＿＿＿＿、＿＿＿＿和五官科。
   3) 針灸療法＿＿＿＿快，效果好，方法＿＿＿＿，沒有或很少有副作用。
   4) 大約＿＿＿＿前，針灸療法就傳到了國外。

2. 再聽一遍，簡單回答問題：
   Listen again and answer the questions：

1）針灸療法有什麼優點？

2）針灸療法很早就傳到了哪些國家和地區？

（二）　　怎麼吃晚餐有利于健康

1. 聽兩遍後判別正誤：
Listen to the passage twice and determine if the following statements are true or false：
1)　　　　2)　　　　3)　　　　4)
5)　　　　6)　　　　7)

2. 再聽一遍,簡單回答：
Listen again and answer the questions：
1）晚餐吃得太多或太晚有什麼壞處？

2）怎麼吃晚餐對健康有好處？

第十課　Lesson 10

一、　**語音練習**　Phonetics

1. 聽寫拼音

   Dictation：

   1)　　　　2)　　　　3)　　　　4)　　　　5)

   6)　　　　7)　　　　8)　　　　9)　　　　10)

   11)

   12)

   13)

   14)

   15)

2. 聽我問，請你標出答句的重音：

   Listen to the following questions and mark the sentence stresses of the answers：

   1) 就喝點兒牛奶。
   2) 吃的餛飩。
   3) 上班的路上。
   4) 不，男女老少都有。
   5) 還可以，就是有點兒鹹。
   6) 謝謝，我不喜歡吃甜的。
   7) 一般去茶樓。
   8) 那兒還供應點心。
   9) 夾着公文包的那個。
   10) 多，特別是廣東人。

3. 聽句子,請你把所給的詞語填在適當的位置,注意每組詞發音的不同,然後朗讀:

Listen to the following sentences. Choose the correct words from those given in the parentheses to fill in the blanks and then read them aloud. Pay attention to the different pronunciation of the words in each pair.

1) 我很____這裏的一切,對這兒的生活我已經____了。
   (a xǐhuan   b xíguàn)

2) 小姐,我要的是____,不是____。
   (a bàozhǐ   b bāozi)

3) ____你們來參觀,我們這兒____不錯。
   (a huánjìng   b huānyíng)

4) 火車過____時我正在____,什麼也不知道。
   (a suìdào   b shuìjiào)

5) 這個房間是給留學生____的,別人不能____。
   (a zhuānyòng   b zhànyòng)

6) 我們____哪兒有機會____這麼好吃的菜?
   (a píngcháng   b pǐncháng)

7) 我帶的錢不多,____住不起____房間。
   (a dānrén   b dāngrán)

8) 我哥哥和____兩人就這麼一個____,寶貝得不得了。
   (a xiǎozi   b sǎozi)

9) 剛才,____已經來____過這輛汽車了。
   (a jiǎnchá   b jǐngchá)

10) 今天____,我們去公園____了。
    (a zhàoxiàng b zǎoshang)

二、 語法練習 Grammar exercises

1. 聽句子,邊聽邊填空,然後朗讀:

Listen to the following sentences. Fill in the blanks, and then read them aloud:

1) 廣東人吃早茶要____得多。

2) 南方人比北方人更＿＿＿＿吃。
3) 你看,遠處有燈光在＿＿＿＿。
4) 這個飯店的四川菜都是＿＿＿＿的。
5) 不少中國人到了國外＿＿＿＿吃西餐。
6) 早茶＿＿＿＿是指廣東＿＿＿＿的小吃。
7) ＿＿＿＿在南方還是北方,＿＿＿＿都是常見的小吃。
8) ＿＿＿＿兩邊的小吃＿＿＿＿旁總是有很多人。
9) 有些人到茶館喝茶是爲了＿＿＿＿時間。
10) 多參加些＿＿＿＿可以幫助提高普通話水平。

2. 聽對話,選擇正確答案:
Listen to the dialogue and choose the best answers:
1)   a   b   c
2)   a   b   c
3)   a   b   c
4)   a   b   c
5)   a   b   c
6)   a   b   c
7)   a   b   c
8)   a   b   c
9)   a   b   c
10) a   b   c

三、 綜合練習　Comprehensive exercises

生　　詞　　New Words

1.	影子	(名)	yǐngzi	trace; sign
2.	說評書		shuō píngshū	tell stories as a profession (a Chinese folk art form)
3.	身份	(名)	shēnfen	status

4.	樂趣	（名）	lèqù	joy; fun
5.	消遣	（動）	xiāoqiǎn	pass time; have fun
6.	效率	（名）	xiàolǜ	effeciency
7.	節奏	（名）	jiézòu	rhythm
8.	將就	（動）	jiāngjiu	make do with
9.	行家	（名）	hángjia	connoisseur; expert
10.	營養	（名）	yíngyǎng	nutrition
11.	菜系	（名）	càixì	style of cooking

專　名　Proper Names

1. 麥當勞　　Màidāngláo　　Mcdonald's
2. 肯德鷄　　Kěndéjī　　Kentucky fried checken

對話（一）　　北京的茶館

1. 聽第一遍，選擇正確答案：
   Listen to the conversation and choose the best answers:
   1) a　　　b　　　c
   2) a　　　b　　　c
   3) a　　　b　　　c
   4) a　　　b　　　c

2. 聽第二遍，判別正誤並改正錯處：
   Listen again. Determine if the following statements are true or false, and then correct the false ones:
   1)　　　2)　　　3)　　　4)
   5)　　　6)　　　7)

3. 根據對話內容，選擇下列句子的正確解釋：
   Choose the best explanation of each of the following sentences according to the conversation:

57

1) a   b   c
2) a   b   c
3) a   b   c

4. 再聽一遍,回答問題:
   Listen again and answer the questions:
   1) 這位老先生爲什麽想去茶館?

   2) 根據對話內容簡單介紹一下北京以前的茶館。

對話(二)　　"將就"和"講究"

1. 聽第一遍,選擇正確答案:
   Listen to the conversation and choose the best answers:
   1) a   b   c
   2) a   b   c
   3) a   b   c
   4) a   b   c

2. 聽第二遍,判別正誤並改正錯處:
   Listen again. Determine if the following statements are true or false, and then correct the false ones:
   1)   2)   3)   4)
   5)   6)   7)

3. 聽句子,邊聽邊填空,然後朗讀:
   Listen to the following sentences. Fill in the blanks, and then read them aloud:
   1) 這吃又有_____和_____之分。
   2) 中國各地的菜都有不同的_____。
   3) 不管什麽菜,都既講究_____,又講究_____。

4) 烤鴨＿＿＿＿不是＿＿＿＿的北京菜。

5) 王士文對吃特別＿＿＿＿。

4. 跟讀下列句子：
   Read the sentences aloud after the speaker：
   1)
   2)
   3)
   4)
   5)

5. 再聽一遍，結合課文談談你所瞭解的中國菜。
   Listen again and talk about some Chinese dishes you know, referring to the text.

四、 泛聽練習　Extensive listening comprehension exercises
聽下面的短文，看你能不能跳躍障礙詞語，理解全文：
Listen to the passage and try to get its main idea in spite of difficult words and phrases：

菜名的來歷

1. 聽兩遍後判別正誤：
   Listen to the passage twice and determine if the following statements are true or false：
   1)　　　　2)　　　　3)
   4)　　　　5)　　　　6)

2. 這段短文是談中國菜的。再聽一遍，指出下面哪些內容是文中沒談到的：

59

Listen again and tell which of the following are not mentioned in the text:
1) 地名
2) 創始人的名字
3) 菜的味道
4) 菜的顏色
5) 盛菜用的容器
6) 菜的價錢
7) 用料的名稱
8) 做菜的方法
9) 菜的數量
10) 吃菜的方法

第十一課　Lesson 11

一、 **語音練習　Phonetics**

　　1. 聽寫拼音：
　　Dictation：
　　　　1)　　　2)　　　3)　　　4)　　　5)
　　　　6)　　　7)　　　8)　　　9)　　　10)
　　　11)
　　　12)
　　　13)
　　　14)
　　　15)

　　2. 聽我問,請你標出答句的重音：
　　Listen to the following questions and mark the sentence stresses of the answers：
　　　　1) 我家住平房。
　　　　2) 我是電視臺記者。
　　　　3) 就他們小兩口兒。
　　　　4) 他們家住居民小區。
　　　　5) 不,我們想看看四合院。
　　　　6) 他家的房子太小。
　　　　7) 節假日才回來。
　　　　8) 我是跟姥姥長大的。
　　　　9) 他還沒成家呢。
　　　　10) 她已經搬走了。

3. 聽句子,選擇適當的詞語填空,注意每組詞發音的不同,然後朗讀:
   Listen to the following sentences. Choose the correct words from those given in the parentheses to fill in the blanks, and then read them aloud. Pay attention to the different pronunciation of the words in each pair.

   1) 還不到_____的日子,我的錢就花光了。
      (a huāqián   b fā qián)

   2) 上課時間還沒到,你_____再等一會兒。
      (a bù máng   b bùfáng)

   3) 這家的_____不在,你過一會兒再來吧!
      (a jǔrén   b zhǔrén)

   4) 請你把這張_____交給他,謝謝!
      (a tiáozi   b táozi)

   5) 今天的報告是關於語言_____的內容。
      (a wénfǎ   b wénhuà)

   6) 顧客們_____說,這種產品很受_____。
      (a fǎnyìng   b huānyíng)

   7) 這個小公園是為了居民們_____而_____的。
      (a xiūjiàn   b xiūxián)

   8) 把這位_____老人的經歷編成_____,一定很有意思。
      (a gǔxī   b gùshi)

   9) 節假日,我們有的在_____散步,有的去湖上_____。
      (a huáchuán   b huāyuán)

   10) 這些年,人們的生活水平越來越高,去國外_____開始_____起來。
       (a liúxíng   b lǚxíng)

二、 語法練習 Grammar exercises
1. 聽句子,邊聽邊填空,然後朗讀:
   Listen to the following sentences. Fill in the blanks , and then read them aloud:

1) 你家的_____真大,可以開_____了。
2) 街道兩旁種着很多_____。
3) 這些農村青年來城市_____,幹的都是_____的活。
4) 前兩年他丟了_____,當了_____。
5) 接到入學_____,黃小玉_____高興。
6) 這裏是新建的_____。
7) 老王_____兩人都是搞_____的。
8) 北京人常把"看"說成"_____"。
9) 幾位太太_____到一塊兒就_____起來沒完。
10) 客人們來參觀_____裏的_____。

2. 聽對話,選擇正確答案:

Listen to the dialogue and choose the best answers:

1) a b c
2) a b c
3) a b c
4) a b c
5) a b c
6) a b c
7) a b c
8) a b c
9) a b c
10) a b c

三、 綜合練習 Comprehensive exercises

	生　　詞		New Words
1.	享福	xiǎng fú	enjoy a happy life
2.	做夢	zuò mèng	dream
3.	理　　(動)	lǐ	pay attention to; make a

63

				gesture or speak to
4.	別扭	（形）	bièniu	uncomfortable
5.	轉	（動）	zhuǎn	turn round
6.	惦記	（動）	diànji	remember with concern; be concerned about
7.	吵架		chǎo jià	quarrcl
8.	獨	（形）	dú	single, only
9.	雜	（形）	zá	miscellanous, mixed
10.	鄰里之間		línlǐ zhī jiān	between neighbours
11.	禮節	（名）	lǐjié	etiquette
12.	眼皮	（名）	yǎnpí	eyelid
13.	隱私	（名）	yǐnsī	private affairs one wants to hide
14.	沾光		zhān guāng	benefit from association with sb. or sth.
15.	家醜不可外揚		jiāchǒu bù kě wài yáng	domestic shame should not be made public

對話（一）　　還是老街坊好

1. 聽第一遍,選擇正確答案：
   Listen to the conversation and choose the best answers:
   1) a　　　　b　　　　c
   2) a　　　　b　　　　c
   3) a　　　　b　　　　c
   4) a　　　　b　　　　c
   5) a　　　　b　　　　c

2. 聽第二遍,判別正誤並改正錯處：
   Listen again. Determine if the following statements are true or false, and then correct the false ones:
   1)　　　2)　　　3)　　　4)　　　5)

6)　　　　　7)　　　　　8)　　　　　9)　　　　　10)

3. 根據課文內容選擇下列句子的正確解釋：
   Choose the best explanation of each of the following sentences according to the conversation：
   1) a　　　　b　　　　c
   2) a　　　　b　　　　c
   3) a　　　　b　　　　c

4. 再聽一遍，回答問題：
   Listen again and answer the questions：
   1) 張大媽搬進新樓高興嗎？爲什麼？

   2) "遠親不如近鄰"是什麼意思？

對話(二)　　　家住大雜院

1. 聽第一遍，選擇正確答案：
   Listen to the conversation and choose the best answers：
   1) a　　　　b　　　　c
   2) a　　　　b　　　　c
   3) a　　　　b　　　　c
   4) a　　　　b　　　　c

2. 聽第二遍，判別正誤並改正錯處：
   Listen again. Determine if the following statements are true or false, and then correct the false ones：
   1)　　　　2)　　　　3)　　　　4)　　　　5)
   6)　　　　7)　　　　8)　　　　9)　　　　10)

3. 聽錄音，跟讀下列句子：

65

Read the sentences aloud after the speaker :
1)
2)
3)
4)

4. 聽第三遍,回答問題:

Listen again and answer the questions:

1) 根據課文內容說說住樓房和平房各有哪些好處?

2) 談談你自己的意見。

四、泛聽練習 Extensive listening comprehension exercises

聽下面的短文,看你能不能跳躍障礙詞語,理解全文:

Listen to the passage and try to get its main idea in spite of difficult words and phrases:

關于鄰里關係的調查

1. 聽錄音填寫下表:

Listen to the tape and fill in the chart below with the information you have got:

表一

對鄰居的熟悉程度	(百分比) %
熟悉自己所有的鄰居	
祇熟悉個別人,和其他人祇是點頭之交	
	20%
祇大概認識幾個	
	2%

表二

對鄰居的熟悉程度	平 房 區 %	樓 房 區 %
	34.1	
對鄰居祇是有點面熟		
		19.8
	16.5	

表三

好朋友是哪些人	所占百分比 %
昔日同窗	
	14
	26
興趣相投的人	
	1.2

2. 再聽一遍,簡單回答問題:

Listen again and answer the questions:

1) 這項調查是對什麽人進行的?

2) 調查的結果怎麽樣?

3) 16 歲以下和 35 歲以上的人對鄰居的熟悉程度怎麽樣?

4) 有人建議發起一個什麽活動?

第十二課　Lesson 12

一、**語音練習**　**Phonetics**

1. 聽寫拼音：
   Dictation：
   1)　　2)　　3)　　4)　　5)
   6)　　7)　　8)　　9)　　10)
   11)
   12)
   13)
   14)
   15)

2. 聽我問，請你標出答句的重音：
   Listen to the following questions and mark the sentence stresses of the answers：
   1) 才6點我就起床了。
   2) 我還沒洗臉刷牙呢。
   3) 運動服我忘在香港了。
   4) 一萬兩千七百多里。
   5) 你太小看我們女生了。
   6) 中國人、外國人都有。
   7) 我們在烽火臺照相呢。
   8) 在長城烽火臺照的。
   9) 我們爬到了第三個。
   10) 去吧，來得及。

3. 聽句子,請你寫出所給詞語的拼音,然後摹做,注意理解它們的意思:
   Listen to the following sentences. Write down *pinyin* of the given words or phrases, and then read them after the speaker. Pay attention to the meanings of the sentences.
   1) 睡着
   2) 夾着
   3) 買不着
   4) 見着
   5) 登上
   6) 上去
   7) 忘在
   8) 在
   9) 看到
   10) 到

二、 語法練習 Grammar exercises
   1. 聽句子,邊聽邊填空,然後朗讀:
      Listen to the following sentences. Fill in the blanks, and then read them aloud:
      1) _____了兩個多小時,我們終于_____了山頂。
      2) 這次_____是高爾夫俱樂部_____的。
      3) 明天去長城的_____變了,你知道嗎?
      4) 在我心里,長城是個_____、_____的地方。
      5) 用這些磚石_____一道牆,可以_____。
      6) 你別_____人,女生的_____不一定比男生小。
      7) 休息了一會兒,我們又_____了。
      8) 這本書的內容,已經深深地_____我的_____裏了。
      9) 站在樓頂,可以_____全市的_____。
      10) 他的問題還沒問完,我的回答已經_____。

   2. 聽對話,選擇正確答案:
      Listen to the dialogue and choose the best answers:

1) a b c
2) a b c
3) a b c
4) a b c
5) a b c
6) a b c
7) a b c
8) a b c
9) a b c
10) a b c

三、綜合練習　Comprehensive exercises

生　詞　New Words

1. 激動　（動）　jīdòng　be excited
2. 贊嘆　（動）　zàntàn　gasp in admiration
3. 壯觀　（形）　zhuàngguān　magnificent
4. 形容　（動）　xíngróng　describe
5. 智慧　（名）　zhìhuì　wisdom
6. 巨大　（形）　jùdà　huge
7. 工程　（名）　gōngchéng　project
8. 奇蹟　（名）　qíjì　wonder
9. 蜿蜒起伏　　wānyán qǐfú　zigzag and rising and falling
10. 連綿　（形）　liánmián　rolling
11. 象徵　（名、動）　xiàngzhēng　symbol; symbolize
12. 遺產　（名）　yíchǎn　legacy
13. 人類　（名）　rénlèi　human race
14. 開眼界　　kāi yǎnjiè　broaden one's horizon
15. 見多識廣　　jiàn duō shí guǎng　experienced and knowledgeable

16.	流傳	（動）	liúchuán	spread
17.	艱苦	（形）	jiānkǔ	hard
18.	殘酷	（形）	cánkù	cruel
19.	屍骨	（名）	shīgǔ	bones of the dead
20.	血肉	（名）	xuèròu	flesh and blood

對話（一）　　這趟長城沒白去

1. 聽第一遍，選擇正確答案：
   Listen to the conversation and choose the best answers：
   1) a　　　b　　　c
   2) a　　　b　　　c
   3) a　　　b　　　c
   4) a　　　b　　　c

2. 聽第二遍，判別正誤並改正錯處：
   Listen again. Determine if the following statements are true or false, and then correct the false ones：
   1)　　　　　2)　　　　　3)
   4)　　　　　5)　　　　　6)
   7)　　　　　8)　　　　　9)

3. 根據對話內容選擇下列句子的正確解釋：
   Choose the best explanation of each of the following sentences according to the conversation：
   1) a　　　b　　　c
   2) a　　　b　　　c
   3) a　　　b　　　c

4. 聽句子，邊聽邊填空，然後朗讀：
   Listen to the following sentences. Fill in the blanks, and then read them aloud：

1) 長城是世界建築史上的_____,是中華民族古老文明的____。
2) 長城就像一條_____,蜿蜒起伏,連綿不斷。
3) 登上長城既_____,又_____。
4) 長城的偉大和_____受到世人的_____。

5. 再聽一遍,回答問題:
   Listen again and answer the questions:
   1) 爲什麽説長城是世界建築史上的奇蹟?

   2) 關于長城你還知道些什麽?

對話(二)　　孟姜女的故事

1. 聽兩遍後判別正誤並改正錯處:
   Listen to the passage twice. Determine if the following statements are true or false, and then correct the false ones:
   1)　　　　　2)　　　　　3)
   4)　　　　　5)　　　　　6)

2. 跟讀下列句子:
   Read the sentences aloud after the speaker:
   1)
   2)
   3)
   4)

3. 再聽一遍，請你講講孟姜女的故事。
   Listen again and tell the story of *Meng Jiangnü*.

四、 泛聽練習　Extensive listening comprehension exercises
聽下面的短文，看你能不能跳躍障礙詞語，理解全文：
Listen to the passage and try to get its main idea in spite of difficult words and phrases：

（一）　步行運動

聽兩遍，判斷下面的句子和所聽的內容是否一致：
Listen to the passage twice and determine if the following statements are true or false：
1)　　2)　　3)　　4)
5)　　6)　　7)

（二）　埃及的金字塔

聽兩遍，判斷下面的句子和所聽的內容是否一致：
Listen to the passage twice and determine if the following statements are true or false：
1) 金字塔是古代帝王存放屍體的地方。
2) 金字塔的樣子很像漢字的"金"字。
3) 修建金字塔用了 30 年時間。
4) 造塔的工作非常艱苦和殘酷。
5) 最大的一座金字塔高 230 米。
6) 最大的金字塔用了 16 噸巨大的石塊。
7) 金字塔用的每塊石頭大概重 2500 公斤。
8) 獅身人面雕像已經有 4000 多年歷史了。
9) 獅身人面雕像現在的樣子和原來不一樣了。
10) 金字塔象徵着古代埃及人民的勤勞、勇敢和智慧。

第十三課　Lesson 13

一、**語音練習**　Phonetics

1. 聽寫拼音：

    Dictation：

    1)　　　2)　　　3)　　　4)　　　5)
    6)　　　7)　　　8)　　　9)　　　10)
    11)
    12)
    13)
    14)
    15)

2. 聽我問,請你標出答句的重音：

    Listen to the following questions and mark the sentence stresses of the answers：

    1) 去打打高爾夫球。
    2) 我想去跳舞。
    3) 大概在三樓會議室吧。
    4) 幾十年前的舊舞曲。
    5) 不用,我們早就認識了。
    6) 準備參加晚會呀!
    7) 當然是體育節目了。
    8) 看體育比賽呢。
    9) 唱不好。
    10) 老年人最多。

3. 聽句子,請你把所給的詞語填在適當的位置,注意每組詞發音的不同,然後朗讀:

Listen to the following sentences. Choose the correct words from those given in the parentheses to fill in the blanks and then read them aloud. Pay attention to the different pronunciation of the words in each pair.

1) 今天是個難忘的_____,我登上了長城。
2) 我打開_____本,記下了登上長城的經過。
  (a rìjì   b rìzi)
3) 現代社會講究高_____,快節奏,誰還有功夫坐茶館?
4) 老王夫妻二人都搞_____,你有什麼問題可以問他們。
  (a xiàolǜ   b jiàoyù)
5) 修建長城用的_____一塊有多重?
6) 考試用的_____一共有多少張?
  (a juànzi   b zhuānshí)
7) 小陳家幾代都學醫,就他一個人學_____。
8) 大家都出去玩兒了,就他一個人在家做_____。
  (a gōngkē   b gōngkè)
9) 這次活動的_____者是體育學院學生會。
10) 這個節目的_____人是一位體育明星。
  (a zhǔchí   b zǔzhī)

二、 語法練習 **Grammar exercises**

1. 聽句子,邊聽邊填空,然後朗讀:

Listen to the following sentences. Fill in the blanks , and then read them aloud:

1) 最近考試太_____了,今天該_____一下兒了。
2) 去_____舞廳花錢太多,在單位的_____跳跳就行了。
3) 跳完_____,大家坐下來_____。
4) 在這兒,不管你唱得怎麼樣,都能得到_____。
5) 老王是個_____的人,什麼時候都高高興興的。
6) 卡拉OK歌廳是年輕人_____夜生活的好去處。

7) _____的票不太貴。

8) 老年人愛看_____節目。

9) 除了電視_____以外,我不看別的。

10) 今天哪個_____也沒有好節目。

2. 聽對話,選擇正確答案:
   Listen to the dialogue and choose the best answers:
   1)　a　　　b　　　c
   2)　a　　　b　　　c
   3)　a　　　b　　　c
   4)　a　　　b　　　c
   5)　a　　　b　　　c
   6)　a　　　b　　　c
   7)　a　　　b　　　c
   8)　a　　　b　　　c
   9)　a　　　b　　　c
   10)　a　　　b　　　c

三、 綜合練習　Comprehensive exercises

生　　詞　　New Words

1. 没勁　　（形）　　méijìn　　　uninteresting
2. 感動　　（動）　　gǎndòng　　move (sb.), touch
3. 流眼淚　　　　　　liú yǎnlèi　shed tears
4. 高血壓　（名）　　gāoxuèyā　high blood pressure
5. 露天　　（形）　　lùtiān　　　outdoor
6. 下棋　　　　　　　xià qí　　　play chess
7. 撲克　　（名）　　pūkè　　　　card; poker
8. 吹牛　　　　　　　chuī niú　　brag; boast
9. 對手　　（名）　　duìshǒu　　opponent; rival

10. 較量　　（動）　　jiàoliàng　　compete
11. 費　　　（動）　　fèi　　cost
12. 攢　　　（動）　　zǎn　　save
13. 自由自在　　　　　zìyóu zìzài　　free and unrestrained, leisurely and carefree

對話（一）　　關于電視的談話

1. 聽第一遍，選擇正確答案：
   Listen to the conversation and choose the best answers：
   1) a　　　b　　　c
   2) a　　　b　　　c
   3) a　　　b　　　c
   4) a　　　b　　　c

2. 聽第二遍，判別正誤並改正錯處：
   Listen again. Determine if the following statements are true or false, and then correct the false ones：
   1)　　2)　　3)　　4)　　5)
   6)　　7)　　8)　　9)　　10)

3. 聽句子，邊聽邊填空，然後朗讀：
   Listen to the following sentences. Fill in the blanks, and then read them aloud：
   1) 飯做好了嗎？我＿＿＿＿了。
   2) 上了一天班，我＿＿＿＿了。
   3) 別說＿＿＿＿話了，你哪兒懂足球的＿＿＿＿！
   4) ＿＿＿＿什麼電視劇，都能把你感動得＿＿＿＿＿＿。

4. 再聽一遍，回答問題：
   Listen again and answer the questions：
   1) 這家每個人看電視的愛好是什麼？

77

2) 你認為他家看電視的問題怎麼解決？

對話(二) 露天舞會

1. 聽第一遍，選擇正確答案：
   Listen to the conversation and choose the best answers:
   1) a　　　　b　　　c
   2) a　　　　b　　　c
   3) a　　　　b　　　c

2. 聽第二遍，判別正誤並改正錯處：
   Listen again. Determine if the following statements are true or false, and then correct the false ones:
   1)　　　2)　　　3)　　　4)
   5)　　　6)　　　7)

3. 跟讀下列句子：
   Read the sentences aloud after the speaker：
   1)
   2)
   3)
   4)

4. 再聽一遍，回答問題：
   Listen again and answer questions：
   1) 張大媽現在和以前有什麼不同？

   2) 露天舞會有什麼好處？

對話（三）　　週末怎麼過

1. 聽第一遍，選擇正確答案：
   Listen to the conversation and choose the best answers：
   1)　a　　　　b　　　　c
   2)　a　　　　b　　　　c
   3)　a　　　　b　　　　c
   4)　a　　　　b　　　　c

2. 聽第二遍，判別正誤並改正錯處：
   Listen again. Determine if the following statements are true or false, and then correct the false ones：
   1)　　　　2)　　　　3)　　　　4)　　　　5)
   6)　　　　7)　　　　8)　　　　9)　　　　10)

3. 根據課文內容選擇下列句子的正確解釋：
   Choose the best explanation of each of the following sentences according to the conversation：
   1) a　　　　b　　　　c
   2) a　　　　b　　　　c
   3) a　　　　b　　　　c
   4) a　　　　b　　　　c

4. 再聽一遍，回答問題：
   Listen again and answer the questions：
   1) 這段對話中提到了哪些娛樂活動？小王和老張各喜歡什麼？

   2) 小王最後決定怎麼過週末？爲什麼？

四、泛聽練習　Extensive listening comprehension exercises

中國中央電視臺節目預告

1. 聽兩遍後填寫下表：
   Listen to the tape and fill in the chart below with the information you have got：

時　間	節目內容
19：00	
	焦點訪談
	九州神韵－世紀回眸：航天抒情
20：05	_____《長征歲月》
21：10	'96環球
22：42	20集連續劇《榮辱商界》
	8集連續劇_____

2. 再聽一遍，簡單回答：
   Listen again and answer the questions：
   1) "'96環球"節目的內容有什麼？

   2) 節目預告中介紹了電視劇《榮辱商界》的內容了嗎？

   3) 這個節目預告是在幾點播出的？

第十四課　Lesson 14

一、**語音練習** **Phonetics**

1. 聽寫拼音：

   Dictation：

   1)　　2)　　3)　　4)　　5)
   6)　　7)　　8)　　9)　　10)
   11)
   12)
   13)
   14)
   15)

2. 聽我問, 請你標出答句的重音：

   Listen to the following questions and mark the sentence stresses of the answers：

   1) 去外地走走。
   2) 四十多年了。
   3) 謝謝, 沒時間了。
   4) 回故鄉看看。
   5) 祇從照片上見過。
   6) 想嚐嚐騎馬的滋味。
   7) 我是山東人。
   8) 老家在福建。
   9) 不, 山東一個小地方。
   10) 變化太大了。

3. 聽句子,請你把所給的詞語填在適當的位置,注意每組詞發音的不同,然後朗讀:

Listen to the following sentences. Choose the correct words from those given in the parentheses to fill in the blanks and then read them aloud. Pay attention to the different pronunciation of the words in each pair.

1) 杭州西湖的景色美得像_____一樣。
2) 北京的_____公園裏有很多名勝古蹟。
   (a tiāntán   b tiāntáng)
3) 有人把兵馬俑稱爲世界第八_____。
4) 小王的_____是個高個子。
   (a qíjì   b qīzi)
5) 他去澳大利亞打工,_____買了這輛車。
6) 人不能祇顧_____,忘了故鄉和親人。
   (a zhuànqián   b zhèngqián)
7) 在國外這些年,他總是_____自己的故鄉。
8) 明天要開聯歡會,大家都忙着_____節目。
   (a páiliàn   b huáiniàn)
9) 江南風光_____,景色美極了。
10) 這輛車老出問題,該_____了。
    (a xiùlì   b xiūlǐ)

二、 語法練習　Grammar exercises

1. 聽句子,邊聽邊填空,然後朗讀:

Listen to the following sentences. Fill in the blanks, and then read them aloud:

1) _____故鄉幾十年了,天天都_____回來。
2) 兒子在國外讀_____,畢業後準備回來。
3) 我_____您去外地走走,您有_____嗎?
4) 聽了女兒的話,爸爸連連_____。
5) 這真是個好_____,就這麽辦吧。

6) 西湖的風景非常＿＿＿＿，是遊覽的好地方。
7) 故鄉的＿＿＿＿和＿＿＿＿，都讓人感到＿＿＿＿。
8) 這是我從電視裏＿＿＿＿看到的。
9) 自從有了＿＿＿＿＿＿＿＿，＿＿＿＿電視方便多了。
10) 這孩子的理想是＿＿＿＿當個＿＿＿＿＿＿。

2. 聽對話，選擇正確答案：
   Listen to the dialogue and choose the best answers：
   1) a   b   c
   2) a   b   c
   3) a   b   c
   4) a   b   c
   5) a   b   c
   6) a   b   c
   7) a   b   c
   8) a   b   c
   9) a   b   c
   10) a   b   c

三、 綜合練習　Comprehensive exercises

生　　詞　　New Words

---

1. 口音　　（名）　kǒuyīn　　　　　accent
2. 車廂　　（名）　chēxiāng　　　　compartment
3. 旅途　　（名）　lǔtú　　　　　　journey
4. 沿途　　（名）　yántú　　　　　 along the way
5. 風土人情　　　 fēngtǔ rénqíng　 local conditions and customs
6. 不知不覺　　　 bù zhī bù jué　　unconsciously, before one knows
7. 樞紐　　（名）　shūniǔ　　　　　hub, pivot
8. 四通八達　　　 sì tōng bā dá　　extend in all directions

9.	石窟	（名）	shíkū	grotto
10.	廣闊	（形）	guǎngkuò	vast
11.	體驗	（動）	tǐyàn	learn through one's personal experience
12.	冰雕	（名）	bīngdiāo	ice carving
13.	新奇	（形）	xīnqí	novel
14.	物產	（名）	wùchǎn	products
15.	宜人	（形）	yírén	pleasant; delightful
16.	平均	（形、動）	píngjūn	average; divide (sth.) into equal parts
17.	吸引	（動）	xīyǐn	attract; appeal to

對話(一)　　在火車上

1. 聽第一遍，選擇正確答案：

   Listen to the conversation and choose the best answers：

   1) a　　　b　　　c
   2) a　　　b　　　c
   3) a　　　b　　　c
   4) a　　　b　　　c

2. 聽第二遍，判別正誤並改正錯處：

   Listen again. Determine if the following statements are true or false, and then correct the false ones：

   1)　　　2)　　　3)　　　4)　　　5)
   6)　　　7)　　　8)　　　9)　　　10)

3. 聽句子填空，然後朗讀：

   Listen to the following sentences. Fill in the blanks, and then read them aloud：

   1) 從_____可以聽出來你是南方人。
   2) 坐火車____可以欣賞____風景，還可以瞭解_____。

3) 西安是＿＿＿＿的交通＿＿＿＿。

4) 有＿＿＿＿應該去哈爾濱＿＿＿＿一下冰天雪地的樂趣。

4. 跟讀下列句子：

   Read the sentences aloud after the speaker：

   1)

   2)

   3)

   4)

5. 再聽一遍，回答問題：

   Listen again and answer the questions：

   1) 老先生給王士文他們介紹了哪些地方？請您說說看。

   2) 你去過內地什麼地方？能介紹一下嗎？

對話(二)　　春城昆明

1. 聽第一遍，選擇正確答案：

   Listen to the conversation and choose the best answers：

   1) a　　　　b　　　　c
   2) a　　　　b　　　　c
   3) a　　　　b　　　　c

2. 聽第二遍，判別正誤並改正錯處：

   Listen again. Determine if the following statements are true or false, and then correct the false ones：

   1)　　　　　　　　　　2)
   3)　　　　　　　　　　4)
   5)　　　　　　　　　　6)
   7)　　　　　　　　　　8)

85

3. 聽句子填空,然後朗讀:
Listen to the following sentences. Fill in the blanks , and then read them aloud:
1) 昆明氣候_____,四季_____。
2) 這裏一年四季_____了鮮花,是有名的_____。
3) 很多地方反映了_____的風土人情,_____了不少中外遊客。

4. 再聽一遍,回答問題:
Listen again and answer the questions:
1) 請你說說昆明有什麼特點。

2) "四季可遊可居"是什麼意思?

四、泛聽練習　Extensive listening comprehension exercises

聽下面的短文,看你能不能跳躍障礙詞語,理解全文:
Listen to the passage and try to get its main idea in spite of difficult words and phrases:

(一)　機場、車站、旅客列車上的廣播通知

聽兩遍後判別正誤:
Listen to the passage twice and determine if the following statements are true or false :
1)　　　2)　　　3)　　　4)
5)　　　6)　　　7)

(二)　世界各地的唐人街

1. 聽兩遍後指出下面哪些是本文談到的內容:

Listen to the passage twice and point out which of the following are mentioned in the passage:
1) 唐人街的歷史
2) 唐人街的房屋樣式
3) 唐人街的商店
4) 唐人街的書籍和雜誌
5) 唐人街的飯館
6) 唐人街上賣的服裝
7) 唐人街上的語言
8) 唐人街上的華人家庭
9) 唐人街的西方老人
10) 唐人街上的後代

2. 再聽一遍後簡單回答：
Listen again and answer the questions:
1) 唐人街的房屋有什麼特點？

2) 在唐人街可以買到什麼中國產品？

3) 唐人街上有哪些風味的餐館？那裏的菜怎麼樣？

4) 唐人街的華人子女和父母的關係怎麼樣？

5) 老一代華人是怎樣不忘家鄉的？

第十五課　Lesson 15

一、**語音練習** Phonetics

1. 聽寫拼音：
Dictation：
1)　　　2)　　　3)　　　4)　　　5)
6)　　　7)　　　8)　　　9)　　　10)
11)
12)
13)
14)
15)

2. 聽我問,請你標出答句的重音：
Listen to the following questions and mark the sentence stresses of the answers：
1) 對不起,已經客滿了。
2) 什麼樣的都可以。
3) 西餐廳在樓上。
4) 一個標準客房。
5) 不,我訂一個豪華套間。
6) 這是總統套房。
7) 我想交一下兒房錢。
8) 不,你找錯了。
9) 正好,還有一個。
10) 對不起,我敲錯門了。

3. 聽問題,請你用所給的詞回答,注意語句的重音:
Listen to the qustions and answer them with the given words or phrases. Pay attention to the sentence stresses.
1) 聽得清楚
2) 講得很清楚
3) 爬得上去
4) 爬不上去
5) 洗得乾净
6) 乾净極了
7) 念得好
8) 念得好極了
9) 喝得了
10) 吃不了

二、 語法練習　Grammar exercises
1. 聽句子,邊聽邊填空,然後朗讀:
Listen to the following sentences. Fill in the blanks, and then read them aloud:
1) 我想給香港的公司＿＿＿發一份＿＿＿。
2) 胡老師説一口＿＿＿的普通話。
3) 這家飯店的＿＿＿包你們＿＿＿。
4) 最近幾年,城里的＿＿＿商場越來越多了。
5) 起床後,我先拉開＿＿＿,打開＿＿＿。
6) 故宫就是過去的＿＿＿。
7) 這個房間的＿＿＿都是＿＿＿明代的式樣＿＿＿的。
8) ＿＿＿穿用的東西都＿＿＿着龍鳳＿＿＿。
9) 樓頂的＿＿＿是＿＿＿的好去處。
10) 樓下的＿＿＿部＿＿＿各種點心和小吃。

2. 聽對話,選擇正確答案:
Listen to the dialogue and choose the best answers:
1)　a　　　b　　　c

2)　　a　　　　b　　　　c
3)　　a　　　　b　　　　c
4)　　a　　　　b　　　　c
5)　　a　　　　b　　　　c
6)　　a　　　　b　　　　c
7)　　a　　　　b　　　　c
8)　　a　　　　b　　　　c
9)　　a　　　　b　　　　c
10)　　a　　　　b　　　　c

三、綜合練習 Comprehensive exercises

生　詞　New Words

1. 套餐　（名）　　　tàocān　　　　set meal
2. 倒霉　（形）　　　dǎoméi　　　　having bad luck
3. 不像話　　　　　 bú xiànghuà　 unreasonable; outrageous
4. 酒吧　（名）　　　jiǔbā　　　　 bar
5. 錯怪　（動）　　　cuòguài　　　 blame sb. wrongly
6. 糊塗　（形、動）　hútu　　　　　muddle‒headed; confused
7. 奇異　（形）　　　qíyì　　　　　wonderful
8. 珍寶　（名）　　　zhēnbǎo　　　 treasure
9. 完整　（形）　　　wánzhěng　　　intact, complete
10. 到底　（副）　　　dàodǐ　　　　 on earth
11. 群　　（名）　　　qún　　　　　 group
12. 背　　（動）　　　bèi　　　　　 learn by heart
13. 恐怕　（副）　　　kǒngpà　　　　be afraid
14. 龐大　（形）　　　pángdà　　　　great, huge
15. 中軸　（名）　　　zhōngzhóu　　 axis
16. 對稱　（名）　　　duìchèn　　　 symmetry
17. 排列　（動）　　　páiliè　　　　arrange in a row

18.	佈局	（名）	bùjú	overall arrangement
19.	四平八穩		sì píng bā wěn	well balanced
20.	風格	（名）	fēnggé	style
21.	文物	（名）	wénwù	cultural relic
22.	收藏	（動）	shōucáng	collect
23.	寶庫	（名）	bǎokù	treasure house

對話(一)　　飯店里發生的事

1. 聽第一遍,選擇正確答案:

   Listen to the conversation and choose the best answers:

   1) a　　　　b　　　　c
   2) a　　　　b　　　　c
   3) a　　　　b　　　　c

2. 聽第二遍,判別正誤並改正錯處:

   Listen again. Determine if the following statements are true or false, and then correct the false ones:

   1)　　　2)　　　3)　　　4)
   5)　　　6)　　　7)　　　8)

3. 跟讀下列句子:

   Read the sentences aloud after the speaker:

   1)
   2)
   3)
   4)

4. 再聽一遍,說說這位先生到飯店後的情況。

   Listen again and retell the story of the man in the hotel.

對話(二)　　飯店裏發生的事

1. 聽第一遍,選擇正確答案：
   Listen to the conversation and choose the best answers：
   1) a　　　　b　　　　c
   2) a　　　　b　　　　c
   3) a　　　　b　　　　c

2. 聽第二遍,判別正誤並改正錯處：
   Listen again. Determine if the following statements are true or false, and then correct the false ones：
   1)　　　　2)　　　　3)　　　　4)
   5)　　　　6)　　　　7)

3. 跟讀下列句子：
   Read the sentences aloud after the speaker：
   1)
   2)
   3)
   4)
   5)
   6)

4. 再聽一遍,回答問題：
   Listen again and answer the questions：
   1) 這位先生開始爲什麼很生氣？

   2) 你覺得這家飯店的服務怎麼樣？爲什麼？

對話(三)　　你瞭解故宮嗎

1. 聽第一遍,選擇正確答案：

Listen to the conversation and choose the best answers:
1) a   b   c
2) a   b   c
3) a   b   c
4) a   b   c

2. 聽第二遍,判別正誤並改正錯處:
    Listen again. Determine if the following statements are true or false, and then correct the false ones:
    1)　　　　 2)　　　　 3)　　　　 4)　　　　 5)
    6)　　　　 7)　　　　 8)　　　　 9)　　　　 10)

3. 聽下列句子,邊聽邊填空,然後朗讀:
    Listen to the following sentences. Fill in the blanks, and then read them aloud:
    1) 故宮又叫_____,是明清兩代的_____。
    2) 故宮是中國_____最大、最_____的古建築群,也是最大的藝術博物館和_____。
    3) ____的數字_____是多少,_____很少有人能答上來吧。
    4) 故宮的_____充分體現出中國傳統的講究_____、_____的建築風格。

4. 聽第三遍,看下圖説説故宮的建築佈局有什麼特點?
    Listen again and talk about the features of the layout of the Imperial Palace:

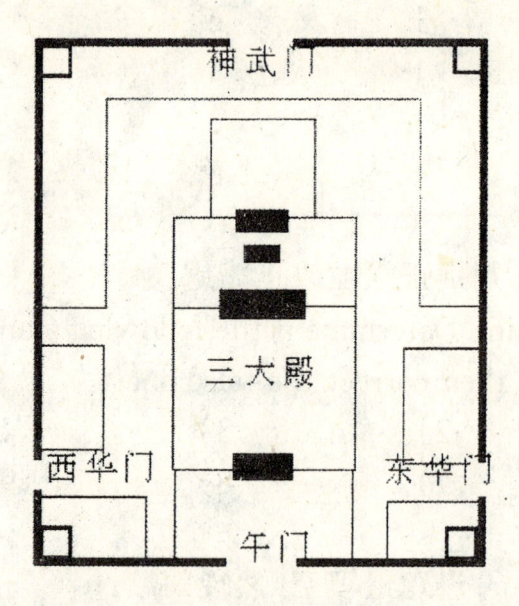

四、 泛聽練習 Extensive listening comprehension exercises
聽下面的短文,看你能不能跳躍障礙詞語,理解全文:
Listen to the passage and try to get its main idea in spite of difficult words and phrases:

千奇百怪的旅館

1. 聽兩遍後找出與本文意思相近的句子:
   Listen to the passage twice and identify the sentences that are close in meaning to the passage you have heard.
   1) 喜歡旅行的人都想走遍世界。
   2) 世界各地的風俗習慣一樣。
   3) 有些國家的旅店很奇怪。
   4) 日本東京的旅館沒有服務員。
   5) 在法國,住旅館跟胖瘦有關係。
   6) 在美國一家旅館,客人太胖就不用付錢了。
   7) 按體重收費的飯店去的人不多。

8）住在帳篷旅館可以減肥。
9）如果睡不着，可以去危地馬拉的催眠旅館。
10）在非洲，有的旅館建在大樹下面。

2. 你喜歡旅行嗎？你去過哪些國家？請你談談你的見聞。
Do you like travelling ? Which countries have you ever been to ? Please talk about what you saw in those countries.

第十六課　Lesson 16

一、**語音練習**　**Phonetics**

1. 聽寫拼音：

   Dictation：

   1)　　　2)　　　3)　　　4)　　　5)

   6)　　　7)　　　8)　　　9)　　　10)

   11)

   12)

   13)

   14)

   15)

2. 聽我問，請你標出答句的重音：

   Listen to the following questions and mark the sentence stresses of the answers:

   1) 聽過好幾遍了。

   2) 古典音樂。

   3) 我覺得没什麼意思。

   4) 在房間裏聽音樂。

   5) 去聽音樂會。

   6) 它跟了我幾十年了。

   7) 學過一點兒。

   8) 這是我上星期才寫的。

   9) 不，你認錯人了。

   10)《彩雲追月》。

3. 聽句子,請你把所給的詞語填在句中適當的位置,注意每組詞發音的不同,然後朗讀:

Listen to the following sentences. Choose the correct words from those given in the parentheses to fill in the blanks and then read them aloud. Pay attention to the different pronunciation of the words in each pair.

1) 鄭先生家的_____不太大,但有個很大的_____。
   (a chúfáng   b shūfáng)

2) 小王和_____的妻子高高興興地搬進了_____的房子。
   (a xīn fēn   b xīnhūn)

3) _____是南方才有的水果,而_____這種菜在南方北方都很常見。
   (a qiézi   b yēzi)

4) 李大媽得_____住醫院了,給她_____的是金大夫。
   (a zhìbìng   b jí bìng)

5) 中午下班沒時間_____、做飯,隨便吃點兒點心、_____吧。
   (a chǎocài   b xiǎocài)

6) 這家_____的服務很好,住在這兒很_____。
   (a fāngbiàn   b fàndiàn)

7) 小王住的居民_____在_____,坐車到城裏要兩個小時。
   (a jiāoqū   b xiǎoqū)

8) 公共汽車總是那麼多人,每天上下班_____還不如____方便呢。
   (a jǐ chē   b qí chē)

9) 回到_____,遇到幾十年前的老朋友,_____已經不認識了。
   (a gùxiāng   b hùxiāng)

10) 我不舒服,全身_____,什麼也不想幹,連最喜歡的電視劇也覺得_____了。
    (a méijìn   b méi jìnr)

97

二、 語法練習： **Grammar exercises**
1. 聽句子,邊聽邊填空,然後朗讀：
Listen to the following sentences. Fill in the blanks, and then read them aloud：
1) 鄭先生家的客廳_____而_____。
2) 除了_____、_____之外,還有一架_____。
3) 這_____錄音帶是朋友送給我的。
4) 這首_____非常_____。
5) 中國有_____的民族音樂_____。
6) 今天,_____的現象越來越嚴重了。
7) 媽媽_____女兒跟她一樣有美麗的_____。
8) 有時,_____更能表現人的_____世界。
9) 小王_____上了打麻將,什麼都_____了。
10) 別_____了,還是聽聽這_____曲子吧!

2. 聽對話,選擇正確答案：
Listen to the dialogue and choose the best answers：
1) a　　　b　　　c
2) a　　　b　　　c
3) a　　　b　　　c
4) a　　　b　　　c
5) a　　　b　　　c
6) a　　　b　　　c
7) a　　　b　　　c
8) a　　　b　　　c
9) a　　　b　　　c
10) a　　　b　　　c

三、綜合練習　Comprehensive exercises

生　詞　New Words

1. 教訓　　　（動）　jiàoxùn　　　lecture sb.; give sb. a lesson
2. 專輯　　　（名）　zhuānjí　　　a special collection (of songs)
3. 弄　　　　（動）　nòng　　　　get
4. 經典　　　（形）　jīngdiǎn　　classical
5. 古典　　　（形）　gǔdiǎn　　　classical
6. 高雅　　　（形）　gāoyǎ　　　 elegant; refined
7. 歌星　　　（名）　gēxīng　　　a singing star
8. 搖滾樂　　（名）　yáogǔnyuè　 rock–and–roll
9. 觀念　　　（名）　guānniàn　　thought, idea
10. 落後　　　（動）　luòhòu　　　lag behind; be backward
11. 五音不全　　　　 wǔ yīn bù quán　can not sing one's scale correctly
12. 跑調　　　　　　 pǎo diào　　out of tune
13. 濫竽充數（成）　 làn yú chōng shù　pass oneself off as one of the players in an ensemble—be there just to make up the number
14. 爛　　　　（動、形）làn　　　　rot; rotten
15. 樂器　　　（名）　yuèqì　　　 musical instrument
16. 樂隊　　　（名）　yuìduì　　　band
17. 混　　　　（動）　hùn　　　　pass oneself off as
18. 獎賞　　　（名）　jiǎngshǎng　prize
19. 比喻　　　（動）　bǐyù　　　　liken
20. 假裝　　　（動）　jiǎzhuāng　 pretend

專　名　Proper Names

1. 天王巨星　　Tiānwángjùxīng　　Super Star
2. 南郭　　　　Nánguō　　　　　　*Nanguo*, a Chinese family name

對話(一) 兒子的愛好

1. 聽第一遍,選擇正確答案:
   Listen to the conversation and choose the best answers:
   1) a   b   c
   2) a   b   c
   3) a   b   c
   4) a   b   c

2. 聽第二遍,判別正誤並改正錯處:
   Listen again. Determine if the following statements are true or false, and then correct the false ones:
   1)   2)   3)   4)   5)
   6)   7)   8)   9)   10)

3. 根據課文內容選擇下列句子的正確解釋:
   Choose the best explanation of the following sentences according to the conversation:
   1) a   b   c
   2) a   b   c
   3) a   b   c

4. 跟讀下列句子,注意語句的重音:
   Read the sentences aloud after the speaker (pay attention to the sentence stresses):
   1)
   2)
   3)
   4)

5. 再聽一遍,回答問題:

Listen again and answer the questions：

1）爸爸和兒子各有什麼愛好？

2）爸爸爲什麼總是教訓兒子？

對話（二）　　濫竽充數

1. 聽第一遍，判別正誤並改正錯處：
   Listen to the conversation. Determine if the following statements are true or false, and then correct the false ones：
   1)　　　　2)　　　　3)　　　　4)
   5)　　　　6)　　　　7)

2. 聽第二遍，選擇正確答案：
   Listen once more and choose the best answers：
   1) a　　　b　　　c
   2) a　　　b　　　c
   3) a　　　b　　　c
   4) a　　　b　　　c

3. 聽句子，邊聽邊填空，然後朗讀：
   Listen to the following sentences. Fill in the blanks , and then read them aloud：
   1) 老張這個人_____，一唱歌就_____。
   2) 你可以光_____，不_____。
   3) 小王把"_____"聽成了"_____"。
   4) 南郭先生_____在樂隊裏和別人一樣得到_____。
   5) 人們用這個成語來_____沒有本領_____成有本領的人。

4. 再聽一遍，回答問題：
   Listen again and answer the questions：

101

1）老張要表演什麼節目？

2）說說"濫竽充數"這個故事。

四、 **泛聽練習** Extensive listening comprehension exercises
聽下面的短文,看你能不能跳躍障礙詞語,理解全文:
Listen to the passage and try to get its main idea in spite of difficult words and phrases:

（一） 一首歌的故事

1. 聽第一遍後回答問題:
   Listen to the passage and answer the questions:
   這段話中提到了一首什麼歌？這首歌是在什麼時候唱的？

2. 再聽兩遍後判別正誤:
   Listen to the passage twice and determine if the following statements are true or false:
   1）這個故事發生在德國。
   2）聖誕節的前一天和平常一樣可以聽到槍炮聲。
   3）正在打仗的德國和英國士兵一起唱起了聖誕節的歌。
   4）軍隊的領導命令他們不要唱了。
   5）這一天人們都希望和平。
   6）這個故事發生在第二次世界大戰期間。
   7）《平安夜》這首歌是 1914 年在奧地利誕生的。
   8）現在全世界的基督徒聖誕節時都要唱這首歌。

聽下面這支歌,說說你聽到了什麼？
Listen to the song and tell what you have heard:

（二） 祝你平安

第十七課　Lesson 17

一、**語音練習　Phonetics**

1. 聽寫拼音：

   Dictation：

   1)　　2)　　3)　　4)　　5)
   6)　　7)　　8)　　9)　　10)
   11)
   12)
   13)
   14)
   15)

2. 聽我問，請你標出答句的重音：

   Listen to the following questions and mark the sentence stresses of the answers：

   1) 我是萬客隆公司的。
   2) 售票處在那邊。
   3) 我是學計算機的。
   4) 我喜歡公關工作。
   5) 還可以吧。
   6) 我大學快畢業了。
   7) 聽力還可以，口語不行。
   8) 對不起，現在我沒時間。
   9) 我想見見你們經理。
   10) 就在這兒。

3. 聽問題,請你用所給的詞語回答問題,注意輕聲的讀法:
Listen to the questions and answer them with the given words or phrases. Pay attention to the pronunciation of the characters in the neutral tone.

1) 商量
2) 興趣
3) 運氣
4) 講究
5) 捨得
6) 打聽
7) 腦子
8) 力氣
9) 博士
10) 笑話

二、 語法練習 Grammar exercises

1. 聽句子,邊聽邊填空,然後朗讀:
Listen to the following sentences. Fill in the blanks, and then read them aloud:

1) 老王的工作是到處＿＿＿＿公司的產品。
2) 每天報紙上都有不少＿＿＿＿廣告。
3) 騎了大半天車,我們累得＿＿＿＿。
4) 請把你的＿＿＿、＿＿＿、電話號碼＿＿＿＿電腦。
5) ＿＿＿＿的票已經賣完了。
6) 這個工作＿＿＿＿了不少＿＿＿＿者。
7) 經理臨走前向我＿＿＿＿了這項工作。
8) 休息一會兒吧,＿＿＿＿,喝點兒水。
9) 今天我不＿＿＿＿,我是來＿＿＿＿的。
10) 這些學習＿＿＿＿對你會有幫助的。

2. 聽對話,選擇正確答案:
Listen to the dialogue and choose the best answers:

1)　a　　　b　　　c
2)　a　　　b　　　c
3)　a　　　b　　　c
4)　a　　　b　　　c
5)　a　　　b　　　c

6) a　　　　　b　　　　　c
7) a　　　　　b　　　　　c
8) a　　　　　b　　　　　c
9) a　　　　　b　　　　　c
10) a　　　　　b　　　　　c

三、綜合練習　Comprehensive exercises

生　　詞　　New Words

1. 客戶　　（名）　kèhù　　　　　client
2. 順眼　　（形）　shùnyǎn　　　pleasing to the eye
3. 找茬兒　　　　zhǎo chár　　　find fault; pick a quarrel
4. 私人　　（形）　sīrén　　　　private
5. 脾氣　　（名）　píqi　　　　　temper
6. 得罪　　（動）　dézuì　　　　offend
7. 辭職　　　　　 cí zhí　　　　resign
8. 符合　　（動）　fú hé　　　　accord with
9. 營銷　　（動）　yíngxiāo　　　market; marketing
10. 秘書　　（名）　mìshū　　　　secretary
11. 勝任　　（動）　shèngrèn　　　competent
12. 櫃臺　　（名）　guìtái　　　　counter
13. 專長　　（名）　zhuāncháng　　speciality; special skill or knowledge
14. 錄用　　（動）　lùyòng　　　　employ
15. 答復　　（動）　dáfù　　　　　reply
16. 耽誤　　（動）　dānwù　　　　delay
17. 工藝美術　　　 gōngyì měishù　arts and crafts; industrial art
18. 自信　　（形）　zìxìn　　　　self-confident
19. 辛苦　　（形）　xīnkǔ　　　　hard

專　名　　Proper Name

萬達　　Wàndá　　the name of a corporation

對話(一)　　上班時的小王

1. 聽第一遍,選擇正確答案:

   Listen to the conversation and choose the best answers:

   1) a　　b　　c
   2) a　　b　　c
   3) a　　b　　c

2. 聽第二遍,判別正誤並改正錯處:

   Listen again. Determine if the following statements are true or false, and then correct the false ones:

   1)　　　　2)　　　　3)
   4)　　　　5)　　　　6)

3. 根據對話內容選擇下列句子的正確解釋:

   Choose the best explanation of the following sentences according to the conversation:

   1) a　　b　　c
   2) a　　b　　c
   3) a　　b　　c

4. 跟讀下列句子:

   Read the sentences aloud after the speaker:

   1)
   2)
   3)
   4)

5. 再聽一遍,回答問題:
   Listen again and answer the questions:
   1) 小王工作得怎麼樣?

   2) 如果你是經理你怎麼辦?如果你是小王呢?

對話(二)　　趙小姐應聘

1. 聽第一遍,選擇正確答案:
   Listen to the conversation and choose the best answers:
   1) a　　　　b　　　　c
   2) a　　　　b　　　　c
   3) a　　　　b　　　　c

2. 聽第二遍,判別正誤並改正錯處:
   Listen again. Determine if the following statements are true or false, and then correct the false ones:
   1)　　　2)　　　3)　　　4)
   5)　　　6)　　　7)

3. 再聽一遍,回答問題:
   Listen again and answer the questions:
   你認爲趙小姐能被錄用嗎?爲什麼?

對話(三)　　孫小姐面試

1. 聽第一遍,判別正誤並改正錯處:
   Listen to the conversation. Determine if the following statements are true or false, and then correct the false ones:
   1)　　　2)　　　3)　　　4)　　　5)

107

6)　　　　7)　　　　8)　　　　9)　　　　10)

2. 聽第二遍,選擇正確答案:
   Listen once more and choose the best answers:
   1) a　　　　b　　　　c
   2) a　　　　b　　　　c
   3) a　　　　b　　　　c
   4) a　　　　b　　　　c

3. 聽句子,邊聽邊填空,然後朗讀:
   Listen to the following sentences. Fill in the blanks, and then read them aloud:
   1) 對不起,我因爲完成這件東西_____了時間。
   2) 喃,你倒挺_____的。
   3) 你怎麼能_____你做這個工作_____呢?
   4) 您想不想聽聽我的_____?
   5) 我們這兒工作很_____,你受得了嗎?

4. 再聽一遍,回答問題:
   Listen again and answer the questions:
   你認爲孫小姐能被錄用嗎? 爲什麼?

四、泛聽練習　Extensive listening comprehension exercises

聽下面的短文,看你能不能跳躍障礙詞語,理解全文:
Listen to the passage and try to get the main idea in spite of the difficult words and phrases:

空姐——令人羨慕的職業

1. 聽兩遍後判別下列句子的正誤:
   Listen to the passage twice and determine if the following

statements are true or false：
 1) 空中小姐是每個人都羨慕的職業。
 2) 空中小姐的工作掙錢很多。
 3) 中國民航 1996 年第一次招收空姐。
 4) 有 6 名小姐報名應聘。
 5) 招聘廣告刊登在報紙上了。
 6) 有 28 位小姐通過了考試，被錄用了。
 7) 被錄用的人要參加兩次面試。
 8) 被錄用的人要去意大利學習。
 9) 她們將在羅馬尼亞——北京的航綫上服務。
10) 條件好的姑娘都被錄用了。

2. 再聽一遍，回答問題：
 Listen again and answer the questions：
 1) 最後有幾位姑娘被錄用？她們具備什麽條件？

 2) 爲什麽有些條件好的人没有入選？

第十八課　Lesson 18

一、**語音練習　Phonetics**
1. 聽寫拼音：
   Dictation：
   1)　　2)　　3)　　4)　　5)
   6)　　7)　　8)　　9)　　10)
   11)
   12)
   13)
   14)
   15)

2. 聽我問，請你標出答句的重音：
   Listen to the following questions and mark the sentence stresses of the answers：
   1) 和整個歐洲差不多。
   2) 關于文化藝術方面的。
   3) 我們想請您談談京劇。
   4) 還是小時候學的呢。
   5) 對，我是江西人。
   6) 好吃是好吃，就是太鹹了。
   7) 那幅國畫。
   8) 不，我喜歡吃面食。
   9) 當然是語音了。
   10) 是關于中國文化的。

3. 聽句子,把所給的詞語填在適當的位置,注意每組詞發音的不同,然後朗讀:

Listen to the following sentences. Choose the correct words from those given in the parentheses to fill in the blanks and then read them aloud. Pay attention to the different pronunciation of the words in each pair.

1) 這幅畫上的長城蜿蜒起伏,_____雄偉。
2) 南北文化不同,造成了人的性格和_____也不同。
   (a qìshì   b qìzhì)
3) 請把你的姓名、住址_____電腦。
4) 露天舞會不要門票,_____自由。
   (a chūrù   b shūrù)
5) 今天參加招聘的_____,都是一流的大公司。
6) 市場的東邊是賣蔬菜的_____。
   (a dānwèi   b tānwèi)
7) 中國畫與_____繪畫的風格完全不同。
8) 你能談談這篇小説的_____內容嗎?
   (a sīxiǎng   b xīyáng)
9) 馮教授的書櫃裏擺滿了各種_____。
10) 馮教授我祇是認識,不太_____。
    (a shūjí   b shúxī)

二、 **語法練習　Grammar exercises**

1. 聽句子,邊聽邊填空,然後朗讀:

Listen to the following sentences. Fill in the blanks, and then read them aloud:

1) 外面已是_____的冬天,房間裏却充滿了_____。
2) 馮教授想和同學們_____一下講座的_____。
3) 中國的_____跟整個歐洲差不多。
4) 這幅畫畫出了長城的_____。
5) 這次去南方,_____給我的_____太深了。
6) 你知道從地球到_____的_____嗎?

111

7) 這幅畫上_____的地方正好可以題一首詩。

8) 有時,南方人和北方人_____和_____完全不同。

9) 小王看小說_____,連吃飯都忘了。

10) 南北在文化上的_____,有時是十分_____的。

2. 聽對話,選擇正確答案:
   Listen to the dialogue and choose the best answers:
   1) a   b   c
   2) a   b   c
   3) a   b   c
   4) a   b   c
   5) a   b   c
   6) a   b   c
   7) a   b   c
   8) a   b   c
   9) a   b   c
   10) a   b   c

三、 綜合練習 Comprehensive exercises

生　　詞　　New Words
---

1. 劇情 （名） jùqíng   the plot of a play
2. 門道 （名） méndào   professional way to do sth.
3. 唱腔 （名） chàngqiāng   vocal music in a Chinese opera
4. 吸收 （動） xīshōu   incorporate, absorb
5. 戲臺 （名） xìtái   stage
6. 程式 （名） chéngshì   from; pattern; stylization
7. 馬鞭 （名） mǎbiān   horsewhip
8. 追求 （動） zhuīqiú   seek; pursue
9. 臉譜 （名） liǎnpǔ   types of facial makeup in operas

10.	詳細	（形）	xiángxì	in detail
11.	直爽	（形）	zhíshuǎng	straightforward
12.	精明	（形）	jīngmíng	astute
13.	溫柔	（形）	wēnróu	gentle and soft
14.	耕地	（名）	gēngdì	cultivated land
15.	精于	（動）	jīngyú	be skilled
16.	粗獷	（形）	cūguǎng	straightforward and uninhibited; bold and unconstrained
17.	寓意	（名）	yùyì	implied meaning
18.	年糕	（名）	niángāo	new year cake made of glutinous rice flour
19.	元宵	（名）	yuánxiāo	sweet dumplings made of glutinous rice flour
20.	團圓	（名、動）	tuányuán	reunion (of family members), have a reunion

對話(一)　　半個京劇專家

1. 聽第一遍,選擇正確答案:

   Listen to the conversation and choose the best answers:

   1) a　　　　b　　　　c
   2) a　　　　b　　　　c
   3) a　　　　b　　　　c
   4) a　　　　b　　　　c

2. 聽第二遍,判別正誤並改正錯處:

   Listen again. Determine if the following statements are true or false, and then correct the false ones:

   1)　　2)　　3)　　4)　　5)
   6)　　7)　　8)　　9)　　10)

3. 聽句子,邊聽邊填空,然後朗讀:

Listen to the following sentences. Fill in the blanks, and then read them aloud：

1) 簡單地說,京劇講究＿＿＿＿＿＿。
2) 京劇的＿＿＿＿是＿＿＿＿了南方、北方好幾種地方戲的唱腔,經過不斷＿＿＿＿＿而來的。
3) 京劇的＿＿＿＿有一種特別的聲調和＿＿＿＿感。
4) 京劇的表演是有一定＿＿＿＿的。
5) 表演時＿＿＿＿一響,熱鬧極了。
6) 京劇的＿＿＿＿是根據人物的＿＿＿＿、＿＿＿＿來決定的。

4. 跟讀下列句子：

Read the sentences aloud after the speaker：

1)
2)
3)
4)

5. 再聽一遍,回答問題：

Listen again and answer the questions：

1)"外行看熱鬧,內行看門道"是什麼意思?

2) 請你簡單介紹一下京劇。

對話(二)　　南北異同

1. 聽第一遍,選擇正確答案：

Listen to the conversation and choose the best answers：

1) a　　　　b　　　　c
2) a　　　　b　　　　c
3) a　　　　b　　　　c
4) a　　　　b　　　　c

2. 聽第二遍,判別正誤並改正錯處:

   Listen again. Determine of the following statements are true or false, and then correct the false ones:

   1)   2)   3)   4)
   5)   6)   7)   8)

3. 根據課文內容選擇下列句子的正確解釋:

   Choose the best explanations of the following sentences according to the conversation:

   1) a   b   c
   2) a   b   c
   3) a   b   c

4. 聽句子,邊聽邊填空,然後朗讀:

   Listen to the following sentences. Fill in the blanks, and then read them aloud:

   1) 北方有_____的平原,風沙大,_____,這些原因造成了北方人_____的性格。
   2) 南方_____,_____,_____面積小,所以南方人_____。
   3) 人們吃年糕,有希望"_____",一年比一年好的_____。
   4) 吃元宵或湯圓_____合家_____。

5. 再聽一遍,回答問題:

   Listen again and answer the questions:
   1) 請你説説南方人、北方人各有什麽特點。

   2) 你怎麽看"南方出商人,北方出皇帝"這句話?

四、 泛聽練習　**Extensive listening comprehension exercises**

聽下面的短文,看你能不能跳躍障礙詞語,理解全文:

Listen to the passage and try to its main idea in spite of difficult words and phrases:

中國人的姓氏

1. 聽第一遍,記下你聽到了哪些姓:(可以寫拼音)

   Listen to the passage and write down the surnames you have got (you may use *pinyin*):

2. 再聽一遍後判別正誤:

   Listen again and determine if the following statements are true or false:

   1) 中國人的姓數量很多,來源也不一樣。
   2)《百家姓》是唐朝時候編的。
   3)《百家姓》收了 427 個姓。
   4) 現在中國人的姓的數量和編《百家姓》時差不多。
   5) 在漢族人口中姓李、姓王和姓張的人最多。
   6) 大姓是指佔漢族人口 55.6 % 以上的姓。
   7) 大姓一共有 16 個。
   8) 有的姓在南方多,有的姓在北方多。
   9) 一般來說,姓王的南方人多,姓黃的北方人多。
   10) 造成姓氏地區性的原因還不太清楚。

第十九課　Lesson 19

一、**語音練習**　Phonetics

1. 聽寫拼音：
   Dictation：
   1)　　2)　　3)　　4)　　5)
   6)　　7)　　8)　　9)　　10)
   11)
   12)
   13)
   14)
   15)

2. 聽我問，請你標出答句的重音：
   Listen to the following questions and **mark the sentence stresses of the answers**：
   1) 在報紙上。
   2) 報告一個好消息。
   3) 找我商量點兒事。
   4) 上星期就開幕了。
   5) 在露天展臺。
   6) 我祇是看看。
   7) 銀灰色的。
   8) 展品的廣告。
   9) 主要是看看服裝。
   10) 好像是氣球吧。

3. 聽句子,請你把所給的詞語填在適當的位置,注意每組詞發音的不同,然後朗讀:

Listen to the following sentences. Choose the correct words from those given in the parentheses to fill in the blanks and then read them aloud. Pay attention to the different pronunciation of the words in each pair.

1) 這種新型汽車的最大好處是節省_____。
2) 很多五顏六色的_____飛上了天空。
   (a qìqiú   b qìyóu)
3) 聽到這個好_____,小玉高興得跳了起來。
4) 你要是不舒服就好好_____吧!
   (a xiūxi   b xiāoxi)
5) 她感興趣的工作是_____營銷。
6) 這個城市的_____很關心市民的生活。
   (a shìchǎng   b shìzhǎng)
7) 你做這個工作_____是多少?
8) 來求職的大部分是_____人。
   (a niánqīng   b niánxīn)
9) 公園裏的_____舞會很受歡迎。
10) 展覽會的展期一共_____。
    (a lùtiān   b liùtiān)

二、 語法練習　Grammar exercises

1. 聽句子,邊聽邊填空,然後朗讀:

Listen to the following sentences. Fill in the blanks , and then read them aloud:

1) 第26屆奧運會昨天_____。
2) 汽車展品都_____在露天展臺。
3) 爲了_____顧客,廠家做廣告不怕花錢。
4) 有人認爲高爾夫球運動不_____中國_____。
5) 這種車_____快,_____低,價格也不高。
6) 代表團_____的飛機_____明天上午到達。

7) 進行中西文化_____可以幫助我們更好地學習。

8) 桌子上放着一大_____書。

9) 這些年我們的經濟發展_____很快。

10) 走進大廳,_____是展區_____。

2. 聽對話,選擇正確答案:
Listen to the dialogue and choose the best answers:
1)　　a　　　　b　　　　c
2)　　a　　　　b　　　　c
3)　　a　　　　b　　　　c
4)　　a　　　　b　　　　c
5)　　a　　　　b　　　　c
6)　　a　　　　b　　　　c
7)　　a　　　　b　　　　c
8)　　a　　　　b　　　　c
9)　　a　　　　b　　　　c
10)　　a　　　　b　　　　c

三、 綜合練習　Comprehensive exercises

生　詞　New Words

1. 中獎　　　　　　　zhòngjiǎng　　win a prize in a lottery
2. 彩票　（名）　　　cǎipiào　　　　lottery ticket
3. 貢獻　（名、動）　gòngxiàn　　　contribution; contribute
4. 泄氣　　　　　　　xiè qì　　　　　feel discouraged
5. 首飾　（名）　　　shǒushi　　　　jewelry
6. 音響　（名）　　　yīnxiǎng　　　 audio system
7. 氣派　（形）　　　qìpài　　　　　imposing
8. 實惠　（形）　　　shíhuì　　　　 substantial
9. 小氣　（形）　　　xiǎoqi　　　　 stingy

119

10.	高貴	（形）	gāoguì	noble
11.	古玩	（名）	gǔwán	antique
12.	字畫	（名）	zìhuà	calligraphy and painting
13.	水晶	（名）	shuǐjīng	crystal
14.	化石	（名）	huàshí	fossil
15.	老伴	（名）	lǎobàn	aged husband or wife
16.	收集	（動）	shōují	collect
17.	世紀	（名）	shìjì	century
18.	信物	（名）	xìnwù	token
19.	浪漫	（形）	làngmàn	romantic
20.	貧寒	（形）	pínhán	poor
21.	富有	（形）	fùyǒu	rich
22.	價值	（名）	jiàzhí	value
23.	心願	（名）	xīnyuàn	wish

專　名　Proper Name

紅旗　　　　Hóngqí　　　　Red Flag, a brand of Chinese cars

對話(一)　汽車夢

1. 聽第一遍,選擇正確答案:

   Listen to the conversation and choose the best answers:

   1) a　　　b　　　c
   2) a　　　b　　　c
   3) a　　　b　　　c
   4) a　　　b　　　c

2. 聽第二遍,判別正誤並改正錯處:

   Listen again. Determine if the following statements are true or false, and then correct the false ones:

   1)　　　2)　　　3)　　　4)　　　5)

6)   7)   8)   9)   10)

3. 根據課文內容選擇下列句子的正確解釋：

   Choose the best explanations of the following sentences according to the conversation:

   1) a   b   c
   2) a   b   c
   3) a   b   c

4. 跟讀下列句子：

   Read the sentences aloud after the speaker：

   1)
   2)
   3)
   4)

5. 再聽一遍，回答問題：

   Listen again and answer the questions：

   1) 要是他們中了獎，丈夫有什麽希望？妻子呢？

   2) 你覺得這夫婦倆生活得怎麽樣？爲什麽？

對話(二)　　收藏家

1. 聽第一遍，選擇正確答案：

   Listen to the conversation and choose the best answers：

   1) a   b   c
   2) a   b   c
   3) a   b   c
   4) a   b   c

2. 聽第二遍,判別正誤並改正錯處:
   Listen again. Determine if the following statements are true or false, and then correct the false ones:
   1)　　　2)　　　3)　　　4)　　　5)
   6)　　　7)　　　8)　　　9)　　　10)

3. 聽句子,邊聽邊填空,然後朗讀:
   Listen to the following sentences. Fill in the blanks, and then read them aloud:
   1) 我收集的石頭中,有＿＿＿水晶,有海洋＿＿＿化石,還有＿＿＿考察帶回來的石頭。
   2) 有時,為了得到一塊好石頭,可以＿＿＿,＿＿＿一切。
   3) 石頭還是我們愛情的＿＿＿呢!
   4) 有人說我們的生活太＿＿＿了,可我們自己却覺得很＿＿＿。
   5) 現在,我最大的＿＿＿就是能建立一座中華＿＿＿博物館,讓更多的人共同＿＿＿這自然的美麗。

4. 再聽一遍,回答問題:
   Listen again and answer the questions:
   1) 周先生和老伴的愛情跟石頭有什麽關係?

   2) 為了收集石頭,周先生和老伴是怎麽做的?

四、泛聽練習　Extensive listening comprehension exercises
聽下面的短文,看你能不能跳躍障礙詞語,理解全文:
Listen to the passage and try to get its main idea in spite of difficult words and phrases:

綠 色 汽 車

1. 聽兩遍後判別正誤:

Listen to the passage twice and determine if the following statements are true or false :
1) 汽車越來越多會造成汽油緊張。
2) 綠色汽車的顏色是綠的。
3) 電動汽車可以不用汽油。
4) 美國已經研製出了兩種電動轎車。
5) 發展綠色汽車有兩個難題。
6) 現在世界上汽車的最高時速是 120 公里。
7) 綠色汽車祇適合城市用。
8) 如果不方便,就没人願意使用綠色汽車。

2. 再聽一遍,簡單回答:
Listen again and answer the questions:
1) 什麽叫綠色汽車？文中說用什麽可以代替汽油作汽車的燃料？（可以寫拼音）

2) 綠色汽車發展的難題首先是什麽？

第二十課　Lesson 20

一、**語音練習**　Phonetics

1. 聽寫拼音：
   Dictation：
   1)　　2)　　3)　　4)　　5)
   6)　　7)　　8)　　9)　　10)
   11)
   12)
   13)
   14)
   15)

2. 聽我問，請你標出答句的重音：
   Listen to the following questions and mark the sentence stresses of the answers：
   1) 是我父親。
   2) 不小心摔了一下。
   3) 大概 10 點左右吧。
   4) 等等，沒有汽油了。
   5) 給孩子的生日蛋糕。
   6) 我喜歡吃魚頭。
   7) 他們很孝順。
   8) 一點兒也不好吃。
   9) 有時洗洗碗。
   10) 在外面踢了會兒球。

3. 聽句子,請把所給的詞語填在適當的位置,注意每組詞發音的不同,然後朗讀:

Listen to the following sentences. Choose the correct words from those given in the parentheses to fill in the blanks and then read them aloud. Pay attention to the different pronunciation of the words in each pair.

1) 這孩子很小就迷上了_____。
2) 別說_____了,我們談談正事吧。
　　(a huìhuà　b fèihuà)
3) 請問,您是付現金還是付_____?
4) 這是航空公司寄來的_____。
　　(a jīpiào　b zhīpiào)
5) 兒女們都很_____,老人覺得很開心。
6) 做父母的不應總是_____孩子。
　　(a xiàoshun　b jiàoxun)
7) 鄰里之間應該和睦_____。
8) 朋友遇到困難應該盡力_____。
　　(a xiāngzhù　b xiāngchǔ)
9) 前幾天摔了一下,我的腿_____疼。
10) 沒關係,我衹是_____不舒服,過一會兒就好了。
　　(a yìzhí　b yìshí)

二、 語法練習　Grammar exercises

1. 聽句子,邊聽邊填空,然後朗讀:

Listen to the following sentences. Fill in the blanks, and then read them aloud:

1) 我和朋友們相處得很_____。
2) 我真不知道怎麼_____對您的感激之情。
3) 請你把要買的東西_____一張_____。
4) 孩子還小,不應該_____他們。
5) _____壞了東西應該_____。
6) 孩子_____時不小心_____了腿。

125

7) ＿＿＿＿＿＿在醫院大樓的一層。

8) 外婆＿＿＿着眼睛把＿＿＿挑乾净。

9) 照片上的人＿＿＿＿＿＿地望着我們。

10) 媽媽做的菜好吃極了,孩子們吃得＿＿＿＿＿＿。

2. 聽對話,選擇正確答案：
   Listen to the dialogue and choose the best answers：
   1)   a   b   c
   2)   a   b   c
   3)   a   b   c
   4)   a   b   c
   5)   a   b   c
   6)   a   b   c
   7)   a   b   c
   8)   a   b   c
   9)   a   b   c
   10) a   b   c

三、綜合練習　Comprehensive exercises

生　詞　　New Words

1.	打瞌睡	dǎ kēshuì	doze off
2.	閉目養神	bì mù yǎng shén	sit in repose with one's eyes closed
3.	答理　（動）	dā li	respond; speak to
4.	威嚴　（形）	wēi yán	dignified; stately
5.	氣氛　（名）	qì fēn	atmosphere
6.	活躍　（動、形）	huó yuè	active
7.	談笑風生	tán xiào fēng shēng	talk cheerfully and humorously

8.	隔	（動）	gé	separate
9.	捅	（動）	tǒng	poke
10.	師範	（名）	shīfàn	teacher-training
11.	不動聲色		bú dòng shēng sè	maintain one's composure
12.	任職	（動）	rèn zhí	hold a post
13.	出人頭地		chū rén tóu dì	stand out among one's fellows
14.	報到	（動）	bàodào	register
15.	孤獨	（形）	gūdú	lonely
16.	怨恨	（動）	yuànhèn	have a grudge against sb.
17.	發誓	（動）	fāshì	swear
18.	容忍	（動）	róngrěn	tolerate
19.	放棄	（動）	fàngqì	give up
20.	憐憫	（動）	liánmǐn	pity
21.	消失	（動）	xiāoshī	disappear
22.	勇氣	（名）	yǒngqì	courage
23.	注視	（動）	zhùshì	look attentively at
24.	財富	（名）	cáifù	treasure

專　　名　　Proper Name

芝加哥　　Zhījiāgē　　Chicago, a city in America

（一）對話　　人與人之間

1. 聽第一遍,選擇正確答案:
   Listen to the conversation and choose the best answers:
   1) a　　　　b　　　　c
   2) a　　　　b　　　　c
   3) a　　　　b　　　　c
   4) a　　　　b　　　　c

127

2. 聽第二遍,判別正誤並改正錯處:
   Listen again. Determine if the following statements are true or false, and then correct the false ones:
   1)　　　　2)　　　　3)　　　　4)
   5)　　　　6)　　　　7)　　　　8)

3. 聽句子,邊聽邊填空,然後朗讀:
   Listen to the following sentences. Fill in the blanks, and then read them aloud:
   1) 看書看報,要不就是_____,_____,在車上還能幹什麽呢?
   2) 盡管人們相互之間都很_____,但就是不_____,誰也不_____誰。
   3) 大家_____看報紙,_____欣賞窗外的_____,誰也不____坐在旁邊的人。
   4) 頓時,整個車廂裏的_____起來,人們互相介紹,_____。

4. 再聽一遍,回答問題:
   Listen again and answer the questions:
   1) 人們爲什麽感謝那位司機?

   2) 這件小事可以讓你悟出一個什麽道理?

(二) 短文　　父親的幫助

1. 聽第一遍,選擇正確答案:
   Listen to the passage and choose the best answers:
   1) a　　　　b　　　　c
   2) a　　　　b　　　　c
   3) a　　　　b　　　　c

4) a   b   c
5) a   b   c

2. 聽第二遍，判別正誤並改正錯處：
   Listen again. Determine if the following statements are true or false, and then correct the false ones:
   1)   2)   3)   4)   5)
   6)   7)   8)   9)   10)

3. 聽課文的第三自然段，說說那所山村學校的情況。
   Listen to the third paragraph of the passage and say something about the school in the mountain village.

4. 聽課文的第五自然段，說說父親信的内容。
   Listen to the fifth paragraph and talk about his father's letter.

5. 再聽一遍全文，回答問題：
   Listen again and answer the questions:
   1) 兒子爲什麽恨父親？三年後兒子還恨父親嗎？爲什麽？

   2) 請談談你的想法。

四、 泛聽練習　Extensive listening comprehension exercises
聽下面的短文，看你能不能跳躍障礙詞語，理解全文：
Listen to the passage and try to get its main idea in spite of difficult words and phrases:

香港人的休閒

1. 聽第一遍，說說香港人有哪些休閒活動？（不少于8種）

129

Listen to the recording and talk about how people in Hong Kong entertain themselves during their spare time (name at least eight activities).

2. 聽第二遍，簡單回答問題：
Listen again, and answer the questions briefly：
1) 每天人們什麼時候爬山？

2) 爲什麼乒乓球、保齡球很受歡迎？

3) 聖誕節、春節時人們幹什麼？

4) 夜校和校外課程包括哪些內容？

5) 爲什麼說熱衷于收藏的人日漸增多？

6) 在寵物飼養方面人們有什麼愛好？

3. 談談你是怎麼休閒的。
Talk about how you entertain yourself during your spare time.

聽力文本

Recording Script for Listening Comprehension

第 一 課

一、 語音練習

1. 聽寫拼音：
    1) kèren 2) fāngbiàn 3) jiàoshòu 4) zhěngqí 5) yōngjǐ
    6) niúnǎi 7) shuǐguǒ 8) sǎozi 9) huángyóu 10) zhāodài
    11) Tóngxuémen, nǐmen hǎo !
    12) Xīnnián hǎo, gōngxǐ fācái !
    13) Zhù nǐ gōngzuò shùnlì, shēnghuó xìngfú.
    14) Hǎojiǔ bú jiàn le, zuìjìn zěnmeyàng ?
    15) Wǒ lái jièshào yíxiàr, zhè shì wǒ bàba, zhè shì wǒ lǎoshī.

2. 聽我問，請你標出答句的重音：
    1) 您貴姓？（我姓羅。）
    2) 你是哪個地方的人？（我是香港人。）
    3) 他是誰？（他是我同學。）
    4) 這是不是小黃的書？（這是小黃的書。）
    5) 你們幾點下課？（我們十二點下課。）
    6) 你有中文詞典嗎？（我沒有中文詞典。）
    7) 你的房間大不大？（我的房間不大。）
    8) 他今天怎麼沒來上課？（他病了。）
    9) 海倫去哪兒了？（她去圖書館了。）
    10) 香蕉多少錢一斤？（香蕉四塊五一斤。）

3. 邊聽邊標出重讀"幾"和輕讀"幾"：
    1) 你的宿舍裏有幾把椅子？

2) 教室裏有幾個人。
3) 桌子上有幾本書?
4) 書架上有幾本英文書。
5) 你買了幾枝筆?
6) 我想去郵局買幾張郵票。
7) 我有幾本中文詞典。
8) 他有幾個練習本?
9) 你們一共幾個人?
10) 昨天下午我們幾個去胡老師家了。

二、 語法練習
1. 聽句子,邊聽邊填空,然後朗讀:
1) 明天星期日。
2) 我的朋友小張在北大學習。
3) 你能來真是太好了。
4) 我買了一件毛衣。
5) 我住306號房間。
6) 你認識他哥哥嗎?
7) 我弟弟今年二十二歲。
8) 你的通知書在我這兒。
9) 他去車站接人了。
10) 她很喜歡喝香檳酒。

2. 聽句子,選擇正確答案:
1) 小胡説普通話,小吴説上海話。
   誰説普通話?
   a 小胡   b 小吴
2) 他有兩個哥哥,一個妹妹。
   他有幾個妹妹?
   a 一個   b 兩個
3) 我要紅的,不要黃的。
   他要紅的還是黃的?

   a 紅的 b 黃的
4) 七樓在八樓北邊。
  八樓在七樓的
  a 南邊 b 北邊
5) 他說下星期六給我打電話。
  他什麼時候給我打電話？
  a 星期六 b 下星期六
6) 公共汽車太擠了，我們坐出租吧。
  他們為什麼不坐公共汽車？
  a 太擠了 b 太急了
7) 她今年二十一了。
  她今年二十幾了？
  a 二十一 b 二十七
8) 水果糖九塊錢一斤，牛奶糖一斤九塊五。
  牛奶糖多少錢一斤？
  a 九塊 b 九塊五
9) 她姓黃，不姓王。
  她姓什麼？
  a 姓王 b 姓黃
10) 今天一號，我們三號考試。
  他們哪天考試？
  a 明天 b 後天

三、綜合練習

對話(一)　　兒子考上大學了

〔情景：老張遇到了鄰居老吳〕

吳：老張，買這麼多東西啊？
張：是啊，明天家裏要來客人。
吳：老張，聽說你兒子考上大學了？
張：對，上星期接到的通知書。

吳：那該祝賀你呀！哪所大學？清華還是北大？

張：哪兒呀，是武大。

吳：武漢大學也是名牌大學呀！我真羨慕你，我兒子可沒這麼有出息。孩子哪天走？

張：後天。這不，明天親朋好友要來給他餞行，我買了這麼多菜。老吳，明天你也來吧！

吳：明天我就不去了，後天去給孩子送送行。

張：謝謝，再見！

吳：再見！

1. 聽第一遍，選擇正確答案：
   1) 老吳遇見老張時，老張正在做什麼？
      a　給孩子送行
      b　買東西
      c　去大學
   2) 老張的孩子考上了哪所大學？
      a　清華大學
      b　北京大學
      c　武漢大學
   3) 明天老張家裏有什麼事？
      a　請客
      b　接通知書
      c　給孩子送行

2. 聽第二遍，判別正誤並改正錯處：
   1) 老張買的東西不多。
   2) 老張的兒子昨天接到的通知書。
   3) 親朋好友們要來爲老張的兒子餞行。
   4) 老吳的兒子也考上大學了。
   5) 明天老吳要去爲老張的兒子送行。

3. 聽第三遍,聽後回答問題:
   1)老張家裏有什麼高興事?
   2)老張和老吳關係怎麼樣?

對話(二)　　談學習

〔情景:王士文和李海倫談學習〕

李:士文,怎麼樣?對這兒的生活習慣嗎?
王:還可以,慢慢習慣吧。海倫,來北京快一個月了,我的普通話進步不大,心裏挺着急。你有什麼好經驗,快給我介紹介紹。
李:我當你的老師還不行,不過我可以給你介紹一位老師。她人很熱情,又有經驗,你有什麼問題,可以去找她,她一定會幫助你的。
王:那太好了,謝謝你。
李:謝我?怎麼謝?
王:我請你吃飯,怎麼樣?
李:好,那快走吧,我真有點兒餓了。
王:走,我也餓了。

1. 聽第一遍,選擇正確答案:
   1)王士文來北京後
      a 已經習慣了
      b 不習慣
      c 正在慢慢習慣
   2)李海倫打算
      a 給王士文介紹一位老師
      b 給王士文介紹學習經驗
      c 自己當王士文的老師
   3)王士文請李海倫吃飯是因爲
      a 李海倫幫助他
      b 李海倫餓了
      c 王士文餓了

2. 聽第二遍,邊聽邊填空,然後朗讀:
   1)王士文覺得自己的學習進步不大,心裏很着急。
   2)王士文想請李海倫給他介紹經驗。
   3)李海倫要介紹的這位老師很熱情,又很有經驗。

3. 聽第三遍,聽後回答問題:
   1)王士文來北京多長時間了?
   2)李海倫是怎麼幫助王士文的?

對話(三)　　你認識胡老師嗎

〔情景:李海倫向王士文介紹胡老師〕

李:胡老師,您好!

胡:海倫,你好,好久不見了。這位是……

李:我來介紹一下,這是我的老朋友王士文。士文,這位是胡老師,去年教過我。

胡:你好,很高興認識你。

王:您好,要不是海倫介紹,我還以爲您是個學生呢。吳老師,以後學習上有什麼問題,我就要來請教您了。

胡:別客氣,我一定盡力幫助你。我姓胡,古月胡,不是口天吳。

王:對不起,我又說錯了。吳和胡我常常分不清。

胡:沒關係,慢慢就好了。剛才海倫說她和你是老朋友,你們早就認識嗎?

王:對,我們是在香港認識的。後來,海倫去了美國,這次來北京我們才又見面了。

胡:是這樣,海倫可是個好學生。

王:胡老師,我也是個好學生。

胡:那太好了,我又多了一個好學生。

1. 聽第一遍,選擇正確答案:
   1)李海倫給王士文介紹的老師

   a 姓古
   b 姓吴
   c 姓胡
  2)這位老師
   a 是一位有經驗的老教師
   b 是一位年輕的女老師
   c 是一位學生
  3)李海倫和王士文
   a 是在北京認識的
   b 是在香港認識的
   c 是在美國認識的

2. 聽第二遍,判別正誤並改正錯處：
  1)胡老師認識李海倫是因爲以前教過她。
  2)胡老師不願意幫助學生。
  3)王士文發不好 wú 和 hú 這兩個音。
  4)王士文和李海倫是老朋友。
  5)王士文和李海倫這些年常見面。
  6)王士文想很快學好漢語普通話。

3. 聽第三遍,聽後回答問題：
  1)李海倫和胡老師是什麼時候認識的？
  2)剛開始王士文以爲胡老師姓什麼？

四、泛聽練習：

  聽下面的短文,看你能不能跳躍障礙詞語,理解全文：

（一） 我的一家

  我叫王小雨,我家有六口人：爸爸、媽媽、哥哥、嫂子和我,還有一個小侄子。我的父母都是教師,一個在大學,一個在中學。我哥哥和嫂子在一家公司工作。他們都很忙。我今年 21 歲,大學快畢業了。我的小侄子呢,才9個月,還不會說話呢!

聽兩遍後填空(可以寫拼音):
1) 王小雨家有<u>六口</u>人,<u>爸爸</u>、媽媽、哥哥、嫂子、<u>侄子</u>和她。
2) 王小雨的爸爸媽媽都是<u>教師</u>。
3) 哥哥和嫂子在<u>公司</u>工作。
4) 王小雨是<u>大學</u>生,今年<u>21歲</u>了。
5) <u>哥哥</u>的孩子還不會說話,他才<u>9個月</u>。

(二)　　麥克的朋友

　　我叫麥克,是北京語言文化大學的留學生,今年二十六歲。我有個中國朋友叫田力,他比我大兩歲,今年二十八了。田力長得挺帥,個子比我高十公分,有一米八,在學校的籃球場上,常可以見到他。我們是怎麼認識的?剛來學校不久,我去圖書館借書。因爲漢語説得不好,又不知道怎麼辦借書手續,正在着急的時候,田力走過來問我有什麼問題。他熱情地幫我辦好了手續,借到了我想要的書,我們就這麼認識了。後來我知道田力在大學學的計算機專業,畢業後在圖書館工作。我常去找他玩,我們都很喜歡體育和音樂。最近我很少見到他了,他有了一個女朋友,我這個老朋友祇好暫時"靠邊站"了。

1. 聽第一遍,選擇正確答案:
1)田力今年多大?
　a　26歲
　b　28歲
2)田力有多高?
　a　1.8米
　b　1.9米
3)田力喜歡什麼
　a　聽音樂
　b　看書
4)田力在哪兒工作?

139

　　　　a　計算機公司
　　　　b　圖書館
　　5)田力有沒有女朋友？
　　　　a　有
　　　　b　沒有

2. 聽第二遍，判別正誤：
　　1)麥克在北京語言文化大學學習。
　　2)麥克喜歡體育和音樂。
　　3)田力和麥克是在學校的籃球場上認識的。
　　4)田力正在學習計算機專業。
　　5)麥克最近很忙，沒時間找田力玩。

第 二 課

一、 語音練習

1. 聽寫拼音：
   1) xīngfèn 2) gàobié 3) shōushi 4) chūfā 5) zhàoxiàng
   6) ānxīn 7) gōngyù 8) fàngxīn 9) gūniang 10) tóufa
   11) Běijīng, nǐ hǎo!
   12) Xiǎoyù, gāi chī zǎofàn le.
   13) Yí wèi péngyou zài lóu xià děngzhe ne.
   14) Wǒmen yìqǐ qù shítáng ba!
   15) Zuótiān wǎnshang xiàle diǎnr xiǎoyǔ.

2. 聽我問，請你標出答句的重音：
   1) 昨天你幾點起床？（昨天我六點就起床了。）
   2) 那個姑娘是誰？（她是我表妹。）
   3) 你什麼時候到北京的？（我前天到北京的。）
   4) 你和誰一起來的？（我和朋友一起來的。）
   5) 你聽天氣預報了嗎？（我没聽天氣預報。）
   6) 楊樂是哪兒人？（她是北京人。）
   7) 王先生是公務員嗎？（不，他是大學教授。）
   8) 什麼時候去逛王府井？（吃過午飯再去吧。）
   9) 你去哪兒了？（我去商場買了點兒東西。）
   10) 今天星期五吧？（不，今天星期四。）

3. 聽句子，邊聽邊標出"不"的聲調，然後朗讀：
   1) 我不是香港人，我是澳門人。
   2) 我不想去了，你自己去吧。

3）對不起，我聽不懂你的話。

4）小王有事，不來了。

5）謝謝，我不會抽烟。

6）你不喝咖啡，喝點兒茶吧。

7）這個時候公共汽車不擠。

8）這裏的春天不常下雨。

9）幾年不見，他老多了。

10）這件大衣在香港穿不着，不用帶了。

二、 語法練習

1. 聽句子，邊聽邊填空，然後朗讀：
   1）我表姐是個公務員，她在香港工作。
   2）大家請坐好，開始上課了。
   3）晚上你有事嗎？咱們一起去吃飯吧。
   4）快點兒，人家都在樓下等着呢。
   5）自己的事應該自己做。
   6）請問，哪兒有郵局？
   7）我的自行車在小王那兒。
   8）你看的什麼書？
   9）那個高個子姑娘是誰？
   10）請問，去天安門怎麼走？

2. 聽句子，選擇正確答案：
   1）今天十月四日。
      今天幾月幾日？
      a 十月十日
      b 十月四日
      c 四月十日
   2）小虎今年16歲，他弟弟比他小6歲。
      小虎的弟弟今年多大了？
      a 16歲
      b 6歲

c 10 歲

3) 今天晴天，没有雨，最高氣温 27 度。
   今天天氣怎麽樣？
   a 晴天，有雨，最高氣温 27 度
   b 陰天，有雨，最高氣温 21 度
   c 晴天，没有雨，最高氣温 27 度

4) 小王是廣州人，不是上海人，小黄和小胡是上海人。誰是廣州人？
   a 小王
   b 小黄
   c 小胡

5) 現在 9 點 45 了，還有 5 分鐘就下課了。
   幾點下課？
   a 9 點 50
   b 9 點 45
   c 10 點

6) 今天星期二，不是星期一。
   昨天星期幾？
   a 星期二
   b 星期一
   c 星期日

7) 小張一米七，小王一米七八，小劉一米七三。
   他們誰高？
   a 小張
   b 小王
   c 小劉

8) 這位高個子、長頭髮的姑娘姓李，那位矮個子、短頭髮的姑娘姓于。
   誰姓李？
   a 高個子、長頭髮的姑娘
   b 高個子、短頭髮的姑娘
   c 矮個子、短頭髮的姑娘

9) 吃了早飯，咱們先去參觀故宮，然後去王府井買東西，吃完午飯再去看場電影。
    他們打算什麼時候去王府井？
    a 看完電影以後
    b 吃完午飯以後
    c 參觀故宮以後

10) 飛機票480塊錢，火車票這種390塊，那種360塊，咱們買最便宜的票吧！
    他們要買多少錢的票？
    a 480塊的飛機票
    b 360塊的火車票
    c 390塊的火車票

三、 綜合練習

對話(一)　　在女生公寓門口

A:請問,這是女生公寓嗎？
B:您有什麼事？
A:我找二號樓404房間的孫小姐。
B:對不起,現在不會客了。
A:爲什麼？
B:這兒不是寫着嗎："10點以後不會客"。現在已經10點一刻了,會客時間已經過了。
A:我有要緊事,一定要見孫小姐。讓我進去吧！
B:不行,這是規定,我也沒辦法。你明天再來吧。
A:明天？明天就晚了。
B:怎麼了？
A:我明天就要走了,現在是來跟表姐告別的。
B:404那位圓臉、高個子姑娘是你表姐？
A:對對,讓我進去吧？
B:不行,我不是說了嗎,明天再來吧！

1. 聽第一遍後選擇正確答案：
    1)他們在哪兒談話？
        a 學生宿舍門口
        b 女生公寓門口
        c 飯店門口
    2)這個人要找誰？
        a 2號樓404房間的孫小姐
        b 4號樓202房間的宋小姐
        c 2號樓40號房間的孫小姐
    3)他們談話時是幾點？
        a 早上10點
        b 晚上10點
        c 晚上10點一刻

2. 聽第二遍，判斷正誤並改正錯處：
    1)這個人是來看女朋友的。
    2)他要找的人是圓臉、高個子。
    3)看門的人不認識他，所以不讓他進去。
    4)這個人很着急，一定要進去。
    5)看門的人認識他表姐，讓他進去了。

3. 聽第三遍，聽後回答問題：
    1)爲什麽看門的人不讓他進去？
    2)他爲什麽一定要進去？

對話(二)　　給表姐打電話

A:表姐嗎？我是少雄。
B:少雄,你好！這幾天玩得怎麽樣？真對不起,我學習太忙,也沒陪你好好玩兒玩兒。
A:没關係,該去的地方都去了。表姐,我明天就要回去了。剛才我去過你們公寓,可是沒進去。
B:是嗎,都怪我,忘了告訴你我們這兒的規定,10點以後不會客。明天你什麽時候走？我去送你。
A:9點3刻的飛機,我8點半就得出發去機場。你不用送了,咱們就在電話裏告別吧！
B:不送怎麽行呢！明天一早我就過去,現在你快休息吧！再見！
A:再見！

1. 聽第一遍,選擇正確答案:
   1)少雄打電話是爲了
      a 告訴表姐去過她的公寓
      b 告訴表姐一件事
      c 跟表姐告別
   2)表姐說對不起是因爲
      a 没時間陪少雄玩
      b 没跟少雄告別
      c 少雄没進她的公寓
   3)到這個城市後,少雄
      a 没去過什麽地方
      b 去過不少地方
      c 應該去很多地方
   4)少雄的飛機是明天早上
      a 9:45 的
      b 8:30 的
      c 9:15 的

2. 聽第二遍,聽後判別正誤並改正錯處:
   1)少雄來表姐的城市學習。
   2)表姐學習很忙。
   3)表姐没告訴少雄公寓的規定。
   4)表姐明天不去送少雄了。
   5)少雄不喜歡表姐送他。

3. 聽第三遍,回答問題:
   1)少雄明天幾點出發?他的飛機是幾點的?
   2)表姐明天去不去送他?為什麼?

對話(三)　　巧　遇

〔情景:老李遇到了老王〕
李:這不是老王嗎?你怎麼到這兒來啦?
王:老李!真沒想到在這兒碰見你。我來這兒開個會,剛下飛機,你呢?
李:我出差剛回來。時間過得真快,一轉眼,分別快十年了。
王:可不是,咱們畢業都十年了。你可沒怎麼變樣。
李:哪能不變呢!你住哪個賓館?晚上到我家吃飯,咱們好好聊聊,我們這兒名勝古蹟不少,有時間我陪你好好逛逛。
王:我得先去怡園賓館報到,然後還有些事要辦,明天上午去吧!
李:你一定來呀,我等你。這是我家地址,你能找到嗎?
王:放心吧,鼻子下面有嘴嘛!我這常出門的人,還怕找不到?
李:好,明天見!
王:明天見!

1. 聽第一遍,選擇正確答案:
   1)老王到這個城市來
      a 參觀
      b 出差
      c 開會
   2)老王和老李是
      a 新朋友
      b 老同事
      c 大學同學
   3)老王要住在

  a　怡園賓館
  b　梨園賓館
  c　玉園賓館
 4)老王打算什麽時候去老李家？
  a　今天晚上
  b　明天晚上
  c　明天白天

2．聽第二遍，判別正誤並改正錯處：
 1)他們在飛機場談話。
 2)他們分別快10年了。
 3)他們的樣子都沒變。
 4)老李要陪老王參觀本市的名勝古蹟。
 5)老王打算跟老李一起去他家。
 6)老王怕自己找不到老李家。

3．聽第三遍，回答問題：
 1)老王爲什麽不能馬上去老李家？
 2)"鼻子下面有嘴"是什麽意思？

四、泛聽練習
聽下面的短文，看你能不能跳躍障礙詞語，理解全文：

（一）　圖書館什麽時候開門

圖書館門口有一塊牌子，上面寫着：

閱覽室開放時間
星期一至星期五 8:30——5:30，晚 6:30——9:30
星期日 9:00——5:00
星期六休息

聽後回答：

我星期日晚上想去閱覽室，行嗎？

（二） 校園介紹

同學們，你們好！現在我給你們介紹一下兒我們的校園。你們都知道，這是一所名牌大學，條件好，設施齊全。校園裏有新建的教學樓，有設備良好的電化教室，有現代化的圖書館，爲你們的學習提供了很好的條件。校園裏有個大操場，每年春天在那裏舉行運動會。另外，還有籃球、排球、網球場和一個健身房，喜愛運動的人，你們不會失望的。

住在學校裏生活也很方便。宿舍和公寓有不同檔次，但都舒適、乾净。學校的食堂供應中餐、西餐，價格便宜；如果你想嚐嚐各地風味，幾家小飯館可以滿足你的要求。小賣部裏一般的生活用品都有，還有銀行、郵局、洗衣房隨時爲你服務。可以説，不用出校門，你的一切問題都解決了。

學校的環境也很美。春天萬紫千紅，夏天綠樹成蔭，秋天金黄遍地，冬天銀裝素裹。

到這所學校來學習，真是聰明的選擇！

聽兩遍後划出下面哪些是文中没談到的内容：
1）教學樓　　　　　　　2）電話
3）圖書館　　　　　　　4）花園
5）排球場　　　　　　　6）有經驗的老師
7）體育比賽　　　　　　8）宿舍
9）電影院　　　　　　　10）四季景色

第 三 課

一、 語音練習

1. 聽寫拼音：
   1) xiàoyuán 2) jìzhě   3) dāngrán 4) jiàoshòu 5) dǎ qiú
   6) liáotiānr 7) gōngkè 8) yóulǎn   9) pǐncháng 10) fēngwèi
   11) Wǒ shì jìzhě, kěyǐ cǎifǎng nǐ ma?
   12) Qǐng nǐmen zìwǒ jièshào yíxiàr ba!
   13) Nǐmen nàr xuéxí Pǔtōnghuà de rén duō ma?
   14) Féng lǎoshī jiāo nǐmen shénme kè?
   15) Wǒ juéde yì nián de xuéxí shíjiān tài duǎn le.

2. 聽我問,請你標出答句的重音：
   1) 可以採訪你們嗎?（當然可以。）
   2) 你來北京多長時間了?（一個多月了。）
   3) 你是從哪兒來的?（我是從新加坡來的。）
   4) 你學過普通話嗎?（學過一點兒。）
   5) 你認識吳老師嗎?（我不認識。）
   6) 你們那兒學普通話的人多嗎?（越來越多了。）
   7) 他們幹什麼呢?（他們聊天兒呢。）
   8) 每天你在哪兒吃午飯?（我在食堂吃午飯。）
   9) 你要啤酒嗎?（謝謝,我不要。）
   10) 你去商店買什麼?（隨便逛逛。）

3. 聽句子,邊聽邊標出"一"的聲調,然後朗讀：
   1) 別着急,這件事我還要想一想。

2) 這裏的一切我都覺得很親切。

3) 週末我們一般進城逛逛。

4) 家裏一點兒吃的也沒有了。

5) 教我們的除了胡老師以外,還有一位馮教授。

6) 剛來北京時,我一個人也不認識。

7) 上課時,我們一邊聽,一邊記。

8) 放心吧,明天我一定來!

9) 咱們一塊兒去吃飯吧。

10) 我是和朋友一起來的,他在門口等着呢。

二、 語法練習

1. 聽句子,邊聽邊填空,然後朗讀:

1) 下午就要出發了,我的行李還沒收拾好呢。

2) 這個字我也不認識,咱們去問問老師吧。

3) 來中國以後,我們遊覽了不少名勝古蹟。

4) 電視臺的記者採訪了一位老作家。

5) 我不喜歡住在這兒。

6) 每天早上跑跑步,打打太極拳,對身體很有好處。

7) 同屋告訴我今天有雨。

8) 媽媽總是擔心她的身體。

9) 昨天我一夜沒睡覺。

10) 朋友們舉起杯,祝賀小王生日快樂。

2. 聽對話,選擇正確答案:

1) A:你們那兒學習英語的人多嗎?

B:越來越多了。

他們那兒學英語的人

 a 不多

 b 很多

 c 以前不太多,現在多了

2) A:除了跳舞以外,你們還做些什麼?

B:晚會的內容挺豐富多彩的。

在晚會上
- a 祇有跳舞,没有别的
- b 没有跳舞,有别的
- c 有跳舞,還有很多别的内容

3) A:李先生,談談您回國的感想吧。
B:出去了十幾年,又回到這裏,覺得特别親切。
李先生從哪兒回來?
- a 從國外
- b 從工作單位
- c 從街上

4) A:你們來這兒是出差還是旅遊?
B:都不是。我們是來學習的。當然,除了學習之外,也想遊覽遊覽。
他們來這兒幹什麽?
- a 來這兒遊覽
- b 來這兒學習
- c 來這兒工作

5) A:你爲什麽學英語呀?是想出國吧?
B:工作需要啊。我的老闆是外國人,英語不好怎麽行呢?
他學英語是因爲
- a 他不懂英語
- b 工作需要
- c 想出國

6) A:你懂法語嗎?
B:我在大學學的是英語,法語是我的第二外語。
他懂什麽外語?
- a 法語
- b 英語
- c 法語和英語

7) A(女):聽説你找了個好工作?
B(男):哪兒的話呀,你給我介紹?
男的意思是

      a　請你給我介紹個好工作
      b　我根本沒有好工作
      c　你在哪兒說話

8) A：這裏的變化真大！
   B：是啊，真是一天一個樣。
   這句話的意思是
      a　每天都一樣
      b　每個地方都不一樣
      c　每天都有變化

9) A：老張，我真羨慕你有個好太太。
   B：放心，小王，將來你太太也錯不了。
   從這句話我們知道
      a　小王還沒結婚
      b　小王的太太不錯
      c　小王的太太不好

10) A(男)：王士文告訴我明天不上課。
    B(女)：誰說的？別聽他的。
    女的意思是
       a　這句話是誰說的
       b　別聽他說話
       c　明天要上課

三、綜合練習

對話(一)　　記者採訪

〔情景：記者採訪陳美玲〕
A：我是電視臺記者，可以採訪你嗎？
B：當然可以。請問吧。
A：先請你自我介紹一下兒吧。
B：好。我叫陳美玲，在香港駐北京的一家公司工作。
A：你為什麼來這兒學習普通話呢？

B:工作需要呀。香港和內地聯係越來越多,不會普通話怎麼行呢?以前到內地旅遊,就覺得非常不方便。

A:以前你學過普通話嗎?

B:我是英文大學畢業的。在家裏,我父母講粵語,所以我會一些粵語。漢語普通話我一點兒也沒學過。

A:你在這兒學了多長時間了?你覺得普通話難不難?

B:我學了一個多月了。我覺得語法不難,漢字也不難,祇是語音比較難。到現在,漢語拼音我還沒學好呢。可是我相信一定能學好。

A:看來你學習很努力啊。好,祝你學習順利!謝謝你!

B:不謝,再見!

1. 聽第一遍,選擇正確答案:
   1) 陳美玲在哪兒工作?
      a 香港
      b 北京
      c 內地
   2) 陳美玲學習普通話是爲了
      a 工作
      b 旅遊
      c 聯係
   3) 她以前學過普通話嗎?
      a 學過
      b 學過一些
      c 沒學過
   4) 她覺得普通話什麼最難?
      a 語法
      b 漢字
      c 發音

2. 聽第二遍,判別正誤並改正錯處:
   1) 陳美玲以前沒到過內地。

2) 不會説普通話,工作很不方便。

3) 陳美玲在家裏和家人講英語。

4) 陳美玲漢字寫得不太好。

5) 漢語拼音很好學。

6) 陳美玲學習很順利。

3. 聽第三遍,聽後回答問題:
   1) 陳美玲爲什麽要學習普通話?
   2) 她能學好嗎? 爲什麽?

對話(二)　　去内地的收獲

〔情景:兩位香港人在談話〕

A:你這次去内地,收獲不小吧?

B:是啊,跑了不少地方,瞭解了不少情況,交了不少朋友。

A:是嗎,快給我介紹介紹。

B:内地的發展很快,就説城市建設吧,真是一天一個樣。

A:可是聽説有的地方環境污染很嚴重?

B:是這樣。聽説政府已經開始解決這個問題了。

A:看來,你知道的事還真不少。

B:當然。可你知道我最大的收獲是什麽嗎?

A:什麽? 找到個漂亮女朋友吧?

B:哪兒的話,我決心開始學習普通話了。在内地生活,不會普通話真是寸步難行啊。

A:是嗎,我看不一定吧。

B:你不信,有時間我給你講講我的經驗。

1. 聽第一遍,選擇正確答案:
   1) 他去内地最大的收獲是什麽?
      a 交了很多朋友
      b 瞭解了很多情況
      c 決心學普通話

2) 什麼問題很嚴重？
   a 環境污染
   b 城市建設
   c 內地發展
3) "不會普通話寸步難行"的意思是
   a 不會普通話不能走路
   b 不會普通話走一點路也不行
   c 不會普通話什麼事也辦不了

2. 聽第二遍，判別正誤並改正錯處：
   1) 這個人去了內地很多地方。
   2) 內地的城市建設發展很快。
   3) 政府已經開始解決環境污染問題
   4) 這個人已經結婚了。
   5) 在內地不會普通話生活很困難。

3. 聽第三遍，聽後回答問題：
   1) 他去內地有什麼收穫？
   2) 他爲什麼要學習普通話？

四、泛聽練習

聽下面的短文，看你能不能跳躍障礙詞語，理解全文：

（一） 節日時間安排

下面是一張日曆的一部分，請參看下表聽錄音：

大家都知道，中國的國慶節是10月1號。按規定，每年的10月1、2號放假兩天。今年國慶節前，北京市政府通知：今年的國慶節仍放假兩天。爲了讓大家更好地休息，特將放假時間作如下調整：9月28日照常工作，29日至10月2日放假四天。10月3日起恢復正常。希望各單位根據上述通知妥善安排工作。我們學校也按照這個通知安排上課時間。

九月	日	一	二	三	四	五	六
	22	23	24	25	26	27	28
	29	30					
十月			1	2	3	4	5
	6	7	8	9	10	11	12

聽兩遍後回答：
1）9月28號星期六和9月30號星期一學校上課嗎？
2）國慶節後哪天開始上課？

（二） 我家的早晨

我家有3口人。我是這個家的主婦,每天都是6點就起床。起床後,<u>爭分奪秒</u>洗漱完畢,就忙着做早飯。飯快好時叫醒丈夫和兒子。丈夫上班路很遠,很早就得動身,晚上7點左右才能回來,所以讓他多睡會兒吧。兒子今年考上了一所好中學,離他爸爸工作單位不遠,每天早上父子倆騎自行車一塊兒出發,這樣我也放心。丈夫和兒子一起床,家裏就熱鬧了,分不清是收音機在說話還是人在說話。有時,他們還爲誰先去衛生間吵個不停。我常說他們<u>大人不像大人,孩子不像孩子</u>。沒辦法,天天早上如此,像打仗一樣。好容易把他們打發走了,一看表,7點一刻,我也該出發了。我工作的學校離家不遠,騎車一刻鐘就到了。

1. 聽第一遍,選擇正確答案：
1）他們家每天誰先起床？
　a 妻子
　b 丈夫
　c 丈夫和兒子
2）兒子的學校離家遠不遠？
　a 很近
　b 很遠
　c 不太遠

3) 妻子早上幾點出發？
   a　7點
   b　7點左右
   c　7點一刻
4) 妻子幾點到單位？
   a　7點左右
   b　7點一刻
   c　7點半

2. 聽第二遍，判別正誤：
  1) 每天早上丈夫做早飯。
  2) 丈夫很早就要去上班。
  3) 兒子坐汽車去學校。
  4) 他家每天早上聽收音機。
  5) 爸爸和兒子都想先去衛生間。
  6) 他們家孩子不像大人。
  7) 他們家每天早上打仗。
  8) 妻子在公司工作。
  9) 每天早上這家人都很忙。
 10) 這家的妻子很不錯。

第 四 課

一、 語音練習

1. 聽寫拼音：

   1) dǎrǎo 2) rèqíng 3) zhāohu 4) zhěngjié 5) zhàopiàn
   6) héyǐng 7) huǒchē 8) dǎsuàn 9) bǎozhèng 10) tòngkuai
   11) Nǐmen hǎo! Dǎrǎo nǐmen le.
   12) Huānyíng huānyíng, kuài jìnlái zuò ba!
   13) Nǐ jiù shì Huáng Xiǎoyù ba?
   14) Tā zhù de shì liúxuéshēng gōngyù dānrén fángjiān.
   15) Wǒmen hái dǎsuàn yìqǐ qù lǚxíng ne.

2. 聽我問，請你標出答句的重音：

   1) 你就是那位四川姑娘吧？（沒錯，我就是。）
   2) 你們宿舍住幾個人？（一共四個人。）
   3) 你住二層吧？（不，我不住二層，我住三層。）
   4) 你一個人去的天安門？（我和同屋一起去的。）
   5) 照片上是誰？（這是我的小表妹。）
   6) 楊樂的房間怎麼樣？（非常乾淨。）
   7) 你們在一起說粵語嗎？（不，我們說普通話。）
   8) 你打算什麼時候去旅行？（週末就去。）
   9) 你們怎麼去長城？（我們坐火車去。）
   10) 現在幾點了？（已經七點半了。快起來吧，該吃早飯了。）

3. 聽我問，請你用所給的詞語回答問題，注意輕聲的讀法：

1) 小玉,你在嗎?(進來)
2) 上星期去泰山玩得怎麽樣?(痛快)
3) 你在房間裏幹什麽呢?(收拾)
4) 昨天來的是你表姐嗎?(客人)
5) 你去王府井買什麽了?(逛逛)
6) 你女朋友漂亮嗎?(頭髮)
7) 你餓不餓?(東西)
8) 那個高個子是誰?(妹妹)
9) 你是語言文化大學的老師嗎?(學生)
10) 你們那兒常下雨嗎?(天氣)

二、 語法練習
1. 聽句子,邊聽邊填空,填後朗讀:
   1) 操場東邊是學生集體宿舍。
   2) 留學生公寓有單人間,也有雙人間。
   3) 影集裏有很多四個人的合影。
   4) 他打算去英國留學。
   5) 馮教授的書快有圖書館那麽多了。
   6) 小玉一邊削鉛筆,一邊聽我們說話。
   7) 我要去一下兒銀行,沒錢用了。
   8) 這個月祇有二十八天。
   9) 媽媽對我說,我保證你過生日時有新衣服穿。
   10) 老王,你有辦法買到球賽的票嗎?

2. 聽對話,聽後選擇正確答案:
   1) A:瑪麗,有時間到我們宿舍坐坐。
      B:好啊,我早就想看看中國學生宿舍是什麽樣了。
      談話的兩個人是
      a 兩個中國人
      b 兩個外國人
      c 一個中國人和一個外國人
   2) A:這個房間住幾個人?

B:我們倆,還有一個小張出去了。
　　　這個房間住幾個人?
　　　a　一個
　　　b　兩個
　　　c　三個
3)A:這裏邊真大!
　　B:是啊,有桌子有椅子,坐30個人沒問題。
　　　他們說的是什麼地方?
　　　a　宿舍
　　　b　教室
　　　c　禮堂
4)A(女):一個人坐十幾個小時火車,真沒意思。
　　B(男):你看這是什麼? 知道你沒書看,就給你帶來了。
　　　男的帶來了什麼?
　　　a　一個人
　　　b　火車
　　　c　書
5)A(男):這麼晚了,飯館都關門了吧?
　　B(女):跟我走吧,保證你有飯吃。
　　　女的意思是
　　　a　你一定能吃到飯
　　　b　飯館一定關門了
　　　c　飯館一定沒關門
6)A:這些孩子,又把窗子打破了。
　　B:也難怪,他們沒有地方踢球嘛。
　　　窗子打破是因為
　　　a　孩子們很壞
　　　b　孩子們在窗外踢足球
　　　c　孩子們想打破窗子
7)A:你孩子多大了?
　　B:三歲多,快有桌子這麼高了。
　　　他的孩子有多高?

   a 比桌子高
   b 比桌子矮
   c 跟桌子一樣高
8) A:北京的冬天很冷吧?
 B:沒有哈爾濱那麼冷。
  什麼地方冷?
   a 北京
   b 哈爾濱
   c 都不冷
9) A(男):小楊的宿舍一定很整潔吧?
 B(女):那還用說?她愛乾净是有名的。
  女的意思是
   a 小楊的宿舍很乾净
   b 你不用説她愛乾净
   c 她的宿舍不乾净
10) A(女):你這輛車真漂亮,花了不少錢吧?
 B(男):哪裹,有時候,少花錢也能辦大事。
  男的意思是
   a 我買車用了很多錢
   b 我買車没用很多錢
   c 我有時候很少花錢

三、綜合練習

對話(一) 小陳的宿舍

〔情景:在學生小陳的宿舍〕

A:你找誰?
B:請問小陳在嗎?
A:不在,他到車站接他哥哥去了。
B:什麼時候回來?我有要緊事找他。
A:他上午就去了,現在該回來了。你進來等他一會兒吧。

B:那就打擾你了。
A:別客氣,喝茶嗎?
B:謝謝,不喝。你們宿舍真整潔。
A:你來得是時候,昨天剛收拾乾净的。平常可不是這樣。
B:一共住幾個人?
A:三個。還有一位小張剛剛出去了。
B:怎麼有四張床呀?
A:這張是用來放東西的,小陳的哥哥要來,我們就把它收拾好了。
B:這下他有地方住了。

1. 聽第一遍,選擇正確答案:
   1) 小陳去哪兒了?
      a 出去了
      b 進城去了
      c 到車站去了
   2) 小陳什麼時候出去的?
      a 上午
      b 下午
      c 剛剛出去
   3) 他們宿舍有幾張床?
      a 三張
      b 四張
      c 兩張

2. 聽第二遍,聽後判別正誤並改正錯處:
   1) 小陳到車站接人去了。
   2) 上午他的朋友來找他。
   3) 他們的宿舍平常很整潔。
   4) 他們宿舍住四個人,有一個出去了。
   5) 小陳的哥哥沒有地方住。

3. 再聽一遍,回答問題:
   小陳的宿舍今天整潔嗎? 爲什麼?

對話(二)　　小張搬家

〔情景:小張和同事談話〕
A:小張,有什麼高興事兒,走路還唱歌?
B:我搬家了,正忙着佈置新居呢。
A:搬到哪兒了? 房子好嗎?
B:新建的花園小區,比原來好多了。
A:那是在郊區吧,生活方便嗎?
B:周圍環境挺不錯的,空氣好,沒有一點兒噪音。附近有商店,有飯館,還有一所醫院也快建好了。最重要的是小學就在樓後邊,孩子上學可方便了。
A:交通怎麼樣?
B:就是交通不太方便,不過我太太上班近了。爲了老婆孩子,祇好犧牲自己了。哎,等我收拾好了,請你們去做客。
A:好啊,喬遷之喜,應該祝賀。

1. 聽第一遍,選擇正確答案:
   1) 小張爲什麼高興?
      a 唱歌
      b 搬家了
      c 去作客
   2) 小張的新家什麼地方最方便?
      a 有商店和飯館
      b 有新建的醫院
      c 有小學
   3) 搬家以後小張上班怎麼樣?
      a 近了
      b 遠了
      c 方便了

2. 聽第二遍,聽後判別正誤並改正錯處:
   1) 小張搬到花園去了。
   2) 小張的新居還沒佈置好。
   3) 小張以前住的房子不太好。
   4) 住在郊區空氣好,又安靜。
   5) 新建的小區生活和交通都很方便。
   6) 小張的孩子上小學了。
   7) 搬家以後小張太太上班很遠。
   8) 朋友們要祝賀小張搬了新家。

3. 聽第三遍,回答問題:
   1) 小張的新居周圍環境怎麼樣?
   2) 新搬的地方有哪些好處?不好的地方是什麼?

對話(三)　　你去過小張家嗎

〔情景:小張的兩位同事談話〕
A:(女)小張搬家了,你知道嗎?
B:(男)我早就去參觀過他的新居了。
A:怎麼樣?
B:房間又大又漂亮,廚房、衛生間也很方便實用。
A:屋子裏的佈置一定不錯吧?
B:那還用説?小張是半個藝術家嘛!
A:那一定花了不少錢。
B:那倒不一定。我看小張的房子佈置得實用、舒適,不一定花多少錢。
A:對,有時少花錢也能辦大事。

1. 聽第一遍,選擇正確答案:
   1) 男的去過小張家嗎?
      a　去過

            b 沒去過
            c 不知道
        2) 小張家佈置得怎麼樣?
            a 不太好
            b 很漂亮
            c 不知道
        3) 小張佈置新居
            a 花了很多錢
            b 沒花很多錢
            c 不一定花了很多錢

2. 聽第二遍,判別正誤並改正錯處:
    1) 男的不知道小張搬家了。
    2) 小張新居的厨房又大又漂亮。
    3) 小張是個藝術家。
    4) 女的認爲佈置房間要花很多錢。

3. 再聽一遍,回答問題:
    1) 小張的新居怎麼樣?
    2) "少花錢也能辦大事"是什麼意思?

四、 泛聽練習
    聽下面的短文,看你能不能跳躍障礙詞語,理解全文:

(一) 租房啓事

1. 本公司因工作需要,急需辦公用房 3 間,樓房、平房均可,地點三環路以內,房租可<u>面議</u>。有意出租者,請打電話 6789.1234 聯係。

    聽兩遍後回答:
    1) 誰要租房子? 幹什麼用?
    2) 他們要租什麼樣的房子? 地點在哪兒?

3）房租怎麼決定？
4）聯係電話是多少？

2. 本人剛到本市,急需住房,樓房、平房均可,地點四環路以內,最好水、電、煤氣齊全,房租可面議。有意出租者,請打電話6123.7890聯係。

聽兩遍後回答：
1）這個人要租房幹什麽用？
2）他要租什麽樣的房子？有什麽要求？
3）地點在哪兒？
4）聯係電話是多少？

(二) 朋友老王

我朋友老王是個推銷員,爲了推銷公司的產品,一年四季在外邊跑。有時今天在哈爾濱,明天就可能到了廣州。他太太開玩笑説,一年有12個月,他倒有13個月不在家。全國32個省市,除了臺灣以外,他差不多都去過了。我問他全國各地的名勝是不是都去過,他説,工作那麽忙,哪有時間遊山玩水呀？可是,你隨便説起一個地方,他都説得頭頭是道,好像都去過似的。原來,他有個愛好,就是收集旅遊圖,每到一個地方,就買一張。現在,他已經收集了厚厚一摞了。他説,等以後退休了,再好好遊覽全國的名勝古蹟吧。

聽兩遍以後判別正誤：
1）老王經常在外邊推銷產品。
2）他今天去廣州,明天去哈爾濱。
3）老王有13個月不在家。
4）全國32個省市他都去過。
5）他對全國各地的名勝古蹟很瞭解。
6）他出差時可以遊覽很多地方。
7）他收集了很多張旅遊圖。
8）老王已經退休了。

第 五 課

一、 語音練習
1. 聽寫拼音：
    1) kōngqì 2) qīngshuǎng 3) huábīng 4) kāixīn 5) hǎiyáng
    6) nuǎnhuo 7) bīngliáng 8) xuěbái 9) huǒhóng 10) jīnhuáng
    11) Chūntiān, zhèlǐ shì huā de hǎiyáng.
    12) Xiàtiān yě yǒu liángkuai de hǎo qùchù.
    13) Zhèlǐ de qiūtiān zhēn měi!
    14) Xià xuě de shíhou, rénmen wánr de kě kāixīn le.
    15) Běijīng yìniánsìjì dōu yǒu hǎowánr de dìfang.

2. 聽我問，請你標出答句的重音：
    1) 你們那兒冬天冷嗎？（我們那兒冬天很暖和。）
    2) 秋天北京什麼地方最好玩兒？（香山公園最好玩兒。）
    3) 外邊下雪了嗎？（外邊下雪了。）
    4) 你們幹什麼去？（我們游泳去。）
    5) 前邊黑乎乎的是什麼？（是一棵樹。）
    6) 孩子們幹什麼呢？（他們打雪仗呢。）
    7) 那件粉紅衣服是你的嗎？（不是，我的衣服是綠的。）
    8) 昨天你們玩兒得怎麼樣？（玩兒得特別開心。）
    9) 明天天氣怎麼樣？（明天有大風。）
    10) 這種花什麼時候開？（一年四季都開。）

3. 聽我問，請你用所給的詞語回答問題，注意兒化音的使用：
    1) 你會說普通話嗎？（一點兒）
    2) 現在幾點了？（一點）

3) 這種本子多少錢一個？（一塊五）
　　4) 你是一個人來北京的嗎？（一塊兒）
　　5) 這次考試你的成績怎麼樣？（90分兒）
　　6) 一節課多長時間？（50分鐘）
　　7) 昨天你去哪兒了？（公園兒）
　　8) 你覺得哪個公園最有意思？（頤和園）
　　9) 咱們上哪兒吃飯？（飯館兒）
　　10) 李海倫在嗎？（圖書館）

二、　語法練習
　1. 聽句子，邊聽邊填空，填後朗讀：
　　1) 天上飄着白雲，地上鋪滿了紅葉。
　　2) 大人、孩子都跑出來堆雪人，打雪仗。
　　3) 陽光下，草地上，到處開滿了鮮花。
　　4) 春天，人們到公園裏去賞花。
　　5) 下雪的時候，房子和樹木都變白了。
　　6) 在湖上划船很有意思。
　　7) 我會游泳，不會滑冰。
　　8) 穿上這件衣服，我有一種新的感覺。
　　9) 又颱風了，快關上窗子吧！
　　10) 快進來，房間裏暖和。

　2. 聽對話，選擇正確答案：
　　1) A：這會兒就去跑步呀？
　　　 B：早上空氣新鮮。
　　　　他們在說什麼？
　　　　a　時間
　　　　b　空氣
　　　　c　鍛煉身體
　　2) A(男)：這裏的秋天真好！
　　　 B(女)：好什麼？雨下起來沒完。
　　　　女的意思是

a 這裏的秋天不好
b 這裏的秋天好
c 這裏的秋天什麼好

3) A(女): 我真希望春天早點兒來。
   B(男): 早着呢, 你看, 草還沒綠呢。
   男的意思是
   a 春天快到了
   b 春天還沒到
   c 希望春天早到

4) A: 你最喜歡什麼季節?
   B: 除了冬天以外都喜歡。
   他不喜歡的季節是
   a 冬天
   b 夏天
   c 秋天

5) A: 都什麼季節了, 你還穿得這麼少, 不冷嗎?
   B: 在我們南方, 現在還穿裙子呢。
   兩個人談話時是
   a 在南方
   b 在北方
   c 不清楚

6) A(女): 快凍死了, 這裏的冬天真冷!
   B(男): 這就算冷啦? 最冷的時候還沒到呢!
   男的意思是
   a 現在的天氣是最冷的
   b 現在的天氣不是最冷的
   c 現在的天氣真冷

7) A: 這房子看着又矮又破, 能住嗎?
   B: 你別看它不好看, 住起來冬暖夏凉。
   這句話的意思是
   a 你別看這房子
   b 這房子不好看

170

   c 住在這房子裏冬天暖和,夏天涼快
 8) A:這兒的夏天熱不熱?
   B:三十好幾度,能不熱嗎?
   這句話的意思是:這裏的夏天
   a 很熱
   b 不熱
   c 三十幾度,可是不熱
 9) A:星期天去香山吧?
   B:急什麼,楓葉還沒紅呢。
   什麼時候去香山最好?
   a 星期天去
   b 什麼時候都不去
   c 楓葉紅了的時候去
 10) A:我最喜歡下雪了。
   B:下雪有什麼好的?
   這句話的意思是
   a 下雪有什麼好呢
   b 下雪不好
   c 下雪很好

三、綜合練習

對話(一) 冬天好還是夏天好

〔情景:兩位朋友在談冬天好還是夏天好〕

A:(男)冬天快到了,天氣越來越冷了。
B:(女)我最不喜歡冬天,凍得要死不說,還得穿厚厚的衣服,幹什麼都不方便。
A:那你喜歡什麼季節?
B:當然是夏天啦。天是藍的,水是綠的,可以游泳、釣魚、划船,多好啊!
A:夏天有什麼好的?最熱的時候三十好幾度,熱死了。

B:夏天也有涼快的好去處呀。公園裏、小河邊、樹林裏,都是好玩兒的地方。

A:我跟你不一樣,最喜歡冬天。我是體育愛好者,冬天可以滑冰、滑雪,這可都是勇敢者的運動。另外,還可以堆雪人、打雪仗,多有意思啊!

B:不管你怎麼説,我還是喜歡夏天。

A:不管你怎麼説,我還是喜歡冬天。哎呀,怎麼又颳風了,快關上窗子吧。

B:這是冬天的風呀,你不是喜歡冬天嗎?

A:我喜歡冬天,可是不喜歡颳風啊。

1. 聽第一遍,判別正誤並改正錯處:
   1) 女的不喜歡夏天。
   2) 夏天最高氣溫有三十多度。
   3) 女的認爲夏天景色很美。
   4) 夏天樹林裏很涼快。
   5) 男的不喜歡冬季體育運動。
   6) 男的喜歡打雪仗。
   7) 男的喜歡颳風。

2. 聽第二遍,選擇下列句子的正確解釋:
   1) "凍得要死不説,還得穿厚厚的衣服,幹什麽都不方便。"
      這句話的意思是
      a 凍得要死不能説話,還得穿厚厚的衣服,幹什麽都不方便
      b 凍得快要死了,還得穿厚厚的衣服,很不方便
      c 天氣很冷,穿厚厚的衣服不方便
   2) "我是體育愛好者,冬天可以滑冰、滑雪,這可都是勇敢者的運動。"
      説這句話的人認爲
      a 我是個勇敢的人
      b 我愛好體育
      c 我喜歡滑冰、滑雪

3) "哎呀,怎麼又颱風了,快關上窗子吧"
   說話的人
   a 喜歡颱風
   b 喜歡關窗子
   c 不喜歡颱風

3. 聽第三遍,回答問題:
   1) 女的爲什麼喜歡夏天?
   2) 男的爲什麼喜歡冬天?

對話(二)　　南方好還是北方好

〔情景:一位南方人和一位北方人在談話〕

A(男):快進屋裏來吧,屋裏暖和。
B(女):快凍死了,沒想到這裏的冬天這麼冷。
A:這還算冷?最冷的時候零下十五六度呢,今天才零下三度。
B:哎呀,那我真的要凍死了。我不喜歡北方,冬天又冷又乾燥。在我們南方,一年四季都有鮮花,到處都是綠綠的,哪像這兒,天地都是灰濛濛的一片。
A:下起雪來就不一樣了。下雪的時候,空氣清清爽爽,房子、樹木、整個世界都是雪白雪白的,可漂亮了。
B:我還沒見過下雪呢。到時候,一定要好好照幾張照片寄回去。快點下雪吧!
A:你看,你還說不喜歡北方呢,你們那兒有雪嗎?
B:這倒是。

1. 聽第一遍,選擇正確答案:
   1) 今天氣溫多少度?
      a 零下十五度
      b 零下十六度
      c 零下三度
   2) 女的是什麼地方人?

　　　　a　南方人
　　　　b　北方人
　　　　c　外國人
　　3) 女的希望下雪主要是因爲
　　　　a　下雪時景色很美
　　　　b　照幾張照片寄回家
　　　　c　沒見過下雪

2. 聽第二遍,判別正誤並改正錯處:
　1) 他們在屋外談話。
　2) 今天不是最冷的時候。
　3) 最冷的時候真的會凍死。
　4) 南方的冬天景色不錯。
　5) 北方下雪時到處都很漂亮。
　6) 女的是在北方過第一個冬天。
　7) 南方也常下雪。

3. 聽第三遍,回答問題:
　1) 女的爲什麼不喜歡北方?
　2) 下雪的時候景色怎麼樣?

四、泛聽練習

聽下面的短文,看你能不能跳躍障礙詞語,理解全文:

(一)　　天氣預報二則

1. 聽衆朋友,你們好,現在播送北京市氣象臺今天早上六點發佈的北京地區天氣預報:
今天白天,晴。風向,南轉北;風力,二三級;最高氣溫,二十一度。
今天夜間,陰有小雨轉多雲;風向,北轉南;風力,一二級;最低氣溫,九度。

聽錄音,填寫下表:

時　間	氣　象	風　向	風　力	最高(低)氣溫(℃)
今天白天				
今天夜間				

2. 觀衆朋友,現在播送中央氣象臺今天下午 6 點發佈的部分城市天氣預報:

北京,晴,0 ℃—10 ℃
哈爾濱,小雪,-11 ℃-7 ℃
烏魯木齊,多雲,-5 ℃-3 ℃
西安,晴,-2 ℃—15 ℃
成都,小雨轉陰,11 ℃—17 ℃
昆明,陰轉小雨,8 ℃—16 ℃
上海,晴轉多雲,1 ℃—12 ℃
廣州,多雲,13 ℃—23 ℃
臺北,多雲轉晴,14 ℃—22 ℃
香港,多雲轉陰,14 ℃—24 ℃
澳門,多雲轉陰,15 ℃—25 ℃
北京,晴,0 ℃—10 ℃
天氣預報播送完了。

聽錄音,填寫下表:

城　市	氣　象	氣　温(℃)
北京	晴	
哈爾濱		-11 ℃—7 ℃
烏魯木齊	多雲	
西安		
成都	小雨轉陰	
昆明		8 ℃—16 ℃
上海	晴轉多雲	
廣州		
臺北	多雲轉晴	
香港		14 ℃—24 ℃
澳門	多雲轉陰	
北京		

(二) 北 極

　　我們知道,在我們地球的最北端有一個北極點,以它爲中心的廣大地區就是北極地區。提起北極,人們很自然地就會想到那風蕭蕭、雪飄飄的冰天雪地,北極已經成了嚴寒的代名詞。不過,北極雖然寒冷,却並不枯燥,它是世界上一個非常有意思的地方。

　　北極沒有春秋之分,祇有冬夏兩個季節。所謂夏季也並不熱,有的地區氣溫還在 0℃ 以下,祇有部分地區可以達到零上 10℃ 左右。冬夏的最大區別是有没有太陽的照射。因爲北極的太陽祇有夏天才能見到,冬天是見不到太陽的。在北極,夏季時人們可以看到那里的太陽一出來就是幾個月不落,這就是人們常說的北極晝。如果在北極晝期間來到北極地區,可以看到一種有趣的現象:在時針指向深夜一兩點鐘的時候,太陽還是那麽明亮地照射着大地,真正是一個晴朗的大白天,可是街上却空無一人,商店也關門停業,家家的窗户上都掛着深色的窗簾,到處一片静悄悄。原來,居民們都在睡覺呢!

聽兩遍後判別正誤:
1) 北極是指地球最北端的廣大地區。
2) 一說起北極,人們就會想到寒冷。
3) 北極有春夏秋冬四個季節。
4) 北極的夏天氣溫都在零上 10 ℃。
5) 見不到太陽的時期是冬季。
6) 在北極,太陽每天出來一次。
7) 北極晝期間,深夜時太陽還掛在天上。
8) 北極晝期間,白天人們也睡覺。

第 六 課

一、 **語音練習**

1. 聽寫拼音：

   1) liáotiānr 2) dǎ gōng 3) zhèng qián 4) sāichē 5) yíbèizi
   6) dìtiě 7) jiēdào 8) mǎlù 9) chēpái 10) jiāotōng guīzé
   11) Shì bu shì dǔchē le?
   12) ÀoMén dìfang bú dà, qìchē kě bù shǎo.
   13) Qián zhèng de chàbuduō jiù xíng le.
   14) Qián liǎng nián diū le tiěfànwǎn, jiù chū guó dǎ gōng qù le.
   15) Rén huózhe zǒng děi yǒu ge bèntou a!

2. 聽我問,請你標出答句的重音：
   1) 您今天上班嗎？（我今天不上班。）
   2) 您下午不出車嗎？（我下午不出車,晚上出車。）
   3) 你什麼時候回國的？（上月15號回來的。）
   4) 你早就回國了？（我上月才回來。）
   5) 誰給你打電話？（一個朋友。）
   6) 生日晚會在哪兒開？（一個朋友的宿舍。）
   7) 這幾本書你都看過了嗎？（我都看過了。）
   8) 這個電影很有意思,一起去看吧？（我都看過了。）
   9) 你們怎麼去王府井？（我們都坐車去。）
   10) 誰去王府井？（我們都去。）

3. 聽句子,請你標出重音並摹倣,注意理解它們的意思：
   1) 我想起來了,你姓羅,對不對？（想起來了）

177

2) 躺了一天,我想起來了。(想起來了)
3) 樓下太吵,他説不下去了。(説不下去了)
4) 她太激動,説不下去了。(説不下去了)
5) 小王不舒服,他説不出來了,咱們走吧。(説不出來了)
6) 這個詞是什麼意思,他也説不出來了。(説不出來了)
7) 我丟的不是一本書,一共十幾本呢!(一本書)
8) 那不是一本書,是一本厚雜誌。(一本書)
9) 去澳大利亞?你會説英語嗎?(會説英語)
10) 你會説英語還是法語?(會説英語)

二、 語法練習

1. 聽句子,邊聽邊填空,然後朗讀:
    1) 環境污染是一個<u>世界性</u>問題。
    2) 你們説的塞車,普通話叫<u>堵車</u>。
    3) 他從農村來這兒<u>打工</u>,挣點兒錢回去結婚。
    4) 我在這兒住了<u>一輩子</u>,從來沒見過這種事。
    5) 你看,地鐵的<u>入口</u>在那邊。
    6) 王士文坐<u>出租</u>時常和司機<u>聊天兒</u>。
    7) 小王白天上班,晚上去<u>夜大</u>學習。
    8) 孩子剛一歲半,媽媽就把她送到<u>幼兒園</u>去了。
    9) 過<u>馬路</u>的時候,一定要走人行橫道。
    10) 每天上班我都<u>路過</u>這座<u>立交橋</u>。

2. 聽對話,選擇正確答案:
    1) A:是不是堵車了?
       B:這幾年增加了多少汽車呀,能不堵嗎?
       這句話的意思是
         a 問這幾年增加了多少輛汽車
         b 增加了很多汽車,能不能不堵車
         c 增加了很多汽車,一定會堵車
    2) A:聽説你挣了大錢了?
       B:挣什麼大錢?我把飯碗都丟了。

這句話的意思是
a 他沒有工作了
b 他丟了吃飯的碗
c 他挣了很多錢

3) A: 美娟,剛來時你想不想家?
B: 誰没嚐過想家的滋味?
美娟的意思是
a 没想過家
b 當然想過家
c 誰會想家呢

4) A: 老張,最近身體怎麽樣?
B: 唉,病成這樣,活着還有什麽奔頭啊。
老張覺得
a 他的病快好了
b 他的病還没好
c 活着没有希望

5) A: 老張,你這麽幹,累病了怎麽辦?
B: 一家老小要吃要穿,不幹怎麽行呢?
他們的對話説明
a 老張工作很辛苦
b 老張病了
c 老張不知道怎麽辦

6) A: (男)你看,那種樣子像面包的出租車叫"面的"。
B: (女)這還用你説?我坐過好幾次了。
女的意思是
a 不需要你告訴我
b 你説没有用
c 你説過好幾次了

7) A: (女)你們去吧,我想休息一會兒。
B: (男)一個人在宿舍裏有什麽意思?
他的意思是
a 爲什麽一個人在宿舍裏

179

  b 一個人在宿舍有沒有意思

  c 一個人在宿舍沒有意思

8)A:小王,這個句子怎麼翻譯呀?

 B:這還不簡單?問我不就行了?

 小王的意思是

  a 翻譯這個句子不簡單

  b 翻譯這個句子問我不行

  c 翻譯這個句子不難

9)A:坐出租車時,我常跟司機聊天兒。

 B:怪不得你對這個城市的情況這麼熟悉呢!

 他常跟出租車司機聊天兒,所以

  a 他很奇怪

  b 他對城市很瞭解

  c 他總是坐出租車

10)A:(男)走這條路綫近一點兒,可是要換三次車。

 B:(女)那還是換一條路綫吧。

 女的意思是

  a 她打算走這條路綫

  b 她不想走這條路綫

  c 她想換車

三、綜合練習

對話(一)　　北京的交通

〔情景:王士文和黃小玉談話〕

A:士文,我想去故宮,不知道怎麼走,你能告訴我嗎?

B:這還不簡單,叫輛出租不就行了?

A:這還用你說?我是想坐公共汽車去。老坐出租有什麼意思?

B:小玉,你是不是想嚐嚐擠公共汽車的滋味呀?

A:就算是吧。我覺得,我們不但要學習普通話,還要多多瞭解北京的情況,比如環境啦,交通啦,人們的生活習慣啦,等等。這樣對學習也有幫助呀。
B:對對,你說得對!怪不得你學得比我好呢。不過,要說北京的交通情況,我可知道不少。北京的馬路寬,但車也多,堵車的事常常發生。有時,騎自行車的人不遵守交通規則,警察和司機都很頭疼。
A:你知道的真不少。
B:我常和出租車司機聊天兒呀。我還知道……
A:說了半天,你到底知道不知道去故宮怎麼走啊?
B:這……咱們去問李海倫吧。

1. 聽第一遍,選擇正確答案:
   1) 黃小玉認爲乘出租車去故宮
      a 没意思
      b 很簡單
      c 很麻煩
   2) 黃小玉想坐公共汽車是因爲
      a 她錢不够
      b 想瞭解交通情況
      c 想學習普通話
   3) 王士文對交通情況很瞭解是因爲
      a 他常騎自行車
      b 常開車
      c 常坐出租車
   4) 誰知道去故宮怎麼坐車?
      a 李海倫
      b 王士文
      c 黃小玉

2. 聽第二遍,判別正誤並改正錯處:
   1) 王士文認爲坐出租車去故宮不行。
   2) 瞭解北京的情況可以幫助你更好地學習普通話。
   3) 黃小玉很注意瞭解北京的情況。

4) 王士文學習比黃小玉好。

5) 看見騎自行車的人,警察和司機的頭就疼。

6) 王士文常坐公共汽車。

對話(二)　　去故宮怎麼走

〔情景:黃小玉和李海倫談話〕

A:海倫,我想坐公共汽車去故宮,該怎麼走呢?

B:去故宮有好幾條路綫呢:你可以坐 375 路汽車到終點站西直門,不遠的地方就有地鐵入口,坐地鐵到"前門"站下車,就到故宮的前門兒了。如果坐 331 路汽車,可以到豁口換地鐵去前門,也可以到北太平莊倒 22 路汽車去前門,都很方便。還有一條路綫是……

A:等等,坐 375 路到西直門換地鐵,或者坐 331 路到豁口換地鐵,還可以坐 331 路到北太平莊換 22 路,都是坐到前門,對嗎?

B:對,下車以後走一段路就到故宮的前門兒了。還有一條路綫近一些,不過要倒兩次車。

A:怎麼走呢?

B:坐 331 路汽車到北太平莊,換 22 路汽車到西四,再倒 103 路無軌電車,一下兒就坐到故宮,從故宮的後門進去很方便。

A:故宮的後門? 我想起來了,是不是景山公園也在那附近?

B:對,你還可以順便逛逛景山。

A:算了吧,走這條路要換兩次車,太麻煩,我還是坐地鐵吧。

B:那也好,隨你便。

1. 聽第一遍,記下你聽到了哪些地名(可以寫拼音):
2. 聽第二遍,判別正誤並改正錯處:
   1) 坐公共汽車去故宮有三條路綫。
   2) 坐地鐵或無軌電車都可以到故宮。
   3) 去前門可以坐 331 路換 22 路。
   4) 坐地鐵去故宮是從前門兒進去。

5) 故宮的後門離景山公園很近。
6) 黃小玉覺得坐車太麻煩，決定不去故宮了。

3. 再聽一遍後回答問題：
1) 坐公共汽車去故宮一共有幾條路綫？
2) 黃小玉最後決定怎麼去？爲什麼？

四、泛聽練習
聽下面的短文，看你能不能跳躍障礙詞語，理解全文：

（一）　　火車時刻

小力和幾個朋友約好去天津玩。星期六早上10點他們在北京火車站見面。去天津的火車一共有五趟：211次，開車時間8：45；213次，開車時間10：55；215次，開車時間12：35；217次，開車時間14：50；227次，開車時間17：40。

聽兩遍後回答：
他們應該坐哪趟車？

（二）　　世界各國的地鐵

在世界上許多大城市，交通擁擠是個令人頭疼的大問題。現代化城市的重要公共交通運輸工具——地鐵的興建，提高了城市的運輸效率，緩和了地面交通的擁擠狀況，改善了城市居民的交通條件。目前，世界上有60多座城市修建了地鐵，各個城市的地鐵有着不同的特色。

1863年，世界上第一條地鐵綫——倫敦地鐵在英國建成通車。多少年過去了，最初祇有6公里的倫敦地鐵已經發展到10多條地鐵綫，全長408公里，居世界第一位。它已成爲居民的重要交通工具，平均每天有170萬人次乘坐地鐵。

1935年，莫斯科建成了蘇聯第一條地鐵綫，後來有擴建成全長200公里的7條射綫和1條環綫。雖然綫路總長不到倫敦地鐵的一半，但客運量却是倫敦地鐵的 4 倍,居世界首位。莫斯科地鐵的車站有不同風格,有的富麗堂皇,有的經濟實用。它被譽爲世界上最漂亮的地鐵。

"你要是迷了路,那麽請鑽地鐵吧!"這是法國人常説的一句話。巴黎的地鐵設備完善,佈局合理,乘坐方便。另外,法國還有世界上設備最先進的地鐵。這些都使世界上其他城市的地鐵望塵莫及。

還有許多城市的地鐵以自己的特色而聞名,如美國紐約的地鐵綫路最多,墨西哥的地鐵票價最便宜等等。

聽兩遍後根據課文内容填空(可以寫拼音):
1)交通擁擠在許多大城市是令人頭疼的問題。
2)世界上有 60 多個城市修建了地鐵,它們有不同的特色。
3)世界上第一條地鐵在英國,是 1863 年建成的。
4)總長度居世界第一位的是倫敦地鐵,全長 408 公里。
5)客運量居世界首位的是莫斯科地鐵,它是倫敦地鐵的 4 倍。
6)莫斯科地鐵被稱爲世界上最大、最漂亮的地鐵。
7)最方便、設備最先進的地鐵是法國的地鐵。
8)紐約的地鐵綫路最多。
9)墨西哥的地鐵票價最便宜。

第 七 課

一、 **語音練習**

1. 聽寫拼音：

    1) rènao 2) xīnxian 3) yāohe 4) xiànmù 5) zhāohu
    6) tǎojiàhuánjià 7) huóbèngluàntiào 8) qīnpénghǎoyǒu
    9) fēngfùduōcǎi 10) míngshènggǔjì
    11) Píngguǒ duōshao qián yì jīn?
    12) Nǐmen kàn, zhè shì qiézi ma?
    13) Xiānggǎng de shūcài bǐ zhělǐ guì hǎo jǐ bèi ne!
    14) Piányi yìdiǎnr mài bu mài?
    15) Nǐmen cāicai, zhè shì shénme dōngxi?

2. 聽我問，請你標出答句的重音：

    1) 你在哪兒買的新鮮蔬菜？（在集貿市場買的。）
    2) 蘋果是三塊五一個嗎？（不是三塊五一個，是三塊五一斤。）
    3) 便宜點兒賣不賣？（已經够便宜的了。）
    4) 這是鷄蛋嗎？（不，這是鴨蛋。）
    5) 這種水果叫什麼名字？（這叫鴨梨。）
    6) 冰糖葫蘆好吃嗎？（你嚐嚐就知道了。）
    7) 你在食堂吃飯嗎？（不，我自己做飯。）
    8) 澳門的蔬菜價格怎麼樣？（比這兒貴多了。）
    9) 香蕉多少錢一斤？（五塊六一斤。）
    10) 你喜歡吃酸的還是甜的？（我喜歡吃辣的。）

3. 聽句子,請你標出重音並摹做,注意理解它們的意思:
   1) 商店裏人太多,我沒進去。(沒進去)
   2) 昨天晚上你們公寓已經關門了,我沒進去。(沒進去)
   3) 等了你一天,你怎麼才來?(你怎麼才來)
   4) 我才來一天,什麼也不知道。(我才來一天)
   5) 房間裏真熱,把窗戶打開吧!(打開)
   6) 快來幫我一下,窗戶怎麼打不開了?(打不開)
   7) 給你杯子,拿住,別掉了。(拿住)
   8) 站住!別跑了!(站住)
   9) 你們看,這是茄子嗎?(這是茄子)
   10) 沒錯,這是茄子。(這是茄子)

二、 語法練習
   1. 聽句子,邊聽邊填空,填後朗讀:
      1) 有集貿市場的地方總是很熱鬧。
      2) 買的討價還價,賣的大聲吆喝。
      3) 這裏賣的蔬菜又鮮又嫩。
      4) 這種橙子樣子好看,吃起來酸得很。
      5) 西紅柿多少錢一公斤?
      6) 看你吃得真香,我都要流口水了。
      7) 這種水果北方沒有。
      8) 聽說,甜的吃多了容易胖。
      9) 市場裏的魚蝦都是活蹦亂跳的。
      10) 你吃過冰糖葫蘆嗎?

   2. 聽句子,選擇正確答案:
      1) 我們公司18個同事,有二分之一以上的人結婚了。
         這句話的意思是,他們公司裏
         a 有21個人結婚了
         b 有9個人結婚了
         c 有10多個人結婚了
      2) 香港的服裝價格比這裏貴好幾倍呢!

這句話的意思是
a 香港的服裝便宜
b 這裏的服裝便宜
c 這裏的服裝貴

3) 汽車裏空空的,祇坐了三五個人。
這句話的意思是
a 汽車不擠
b 汽車不大
c 汽車是空的

4) 他們三個都出去了,祇剩我一個人了。
房間裏原來有幾個人?
a 三個
b 四個
c 五個

5) 鷄蛋三塊五一斤,三斤十塊。
我買了十塊錢的鷄蛋,每斤多少錢?
a 三塊五
b 十塊
c 三塊三

6) 在市場買東西,不討價還價怎麼行?
這句話的意思是
a 在市場買東西一定要討價還價
b 在市場買東西怎麼討價還價
c 在市場買東西不能討價還價

7) 這孩子昨天還活蹦亂跳的呢,今天怎麼病了?
孩子昨天怎麼樣?
a 很好
b 不好
c 病了

8) 北京街上的自行車總有成千上萬吧!
這句話的意思是,北京的自行車有
a 一千輛

   b 一萬輛

   c 很多很多輛

  9) 這一桌子菜,我都不知吃什麼好了。

   這句話的意思是

   a 菜不好

   b 菜很多

   c 不知有什麼菜

  10) 東西太便宜了,送禮拿不出手呀。

   這句話的意思是

   a 東西很便宜,不能作禮物送人

   b 東西很便宜,不願作禮物送人

   c 東西很便宜,不好意思作禮物送人

三、 綜合練習

對話(一) 去哪兒買東西

〔情景:林美娟和李海倫談話〕

A:海倫,在集貿市場,你討價還價挺內行的,買東西一定很有經驗吧?

B:在這兒時間長了,慢慢就有經驗了。

A:我打算給媽媽買一件生日禮物,你有什麼好建議嗎?

B:伯母平常最喜歡什麼?

A:最喜歡什麼? 我想想……她最喜歡吃水果,特別是又酸又甜的。

B:吃的東西可不好辦,你總不能送她幾串冰糖葫蘆吧?

A:你還別說,我媽媽一定愛吃。

B:那等她以後來北京再吃吧。我想,服裝、化妝品、絲綢等都是不錯的禮物。你去附近的大商場看看吧!

A:好。不過,在商場買東西不能討價還價呀!

B:你想練習這個呀? 這好辦,建國門外有一條秀水街,那裏的市場絲綢服裝很有名,品種多,價錢便宜,一定能滿足你的要求。

A:建國門外的秀水街？好,我現在就出發。海倫,謝謝你!
B:不謝,再見!

1. 聽第一遍,判別正誤並改正錯處:
   1) 李海倫買東西很內行。
   2) 林美娟不知道買什麼禮物好。
   3) 李海倫喜歡吃又酸又甜的東西。
   4) 在商場買東西可以討價還價。
   5) 秀水街賣的東西比較便宜。
   6) 林美娟馬上就去秀水街了。

2. 聽第二遍,選擇正確答案:
   1) 林美娟請李海倫幫忙是因為
      a 李海倫買東西有經驗
      b 李海倫在北京住的時間長
      c 李海倫會討價還價
   2) 林美娟打算送給媽媽什麼禮物?
      a 水果
      b 冰糖葫蘆
      c 還沒決定
   3) 林美娟的媽媽吃過冰糖葫蘆嗎?
      a 吃過
      b 沒吃過
      c 不知道
   4) 要練習討價還價應該去
      a 附近的大商場
      b 建國門外
      c 秀水街

3. 再聽一遍,回答問題:
   1) 李海倫建議林美娟買什麼禮物?
   2) 李海倫建議林美娟去哪兒買禮物? 為什麼?

對話(二)　　林美娟買禮物

〔情景:林美娟在商店爲媽媽買禮物〕

A:您買什麼?
B:我想看看絲綢服裝。
A:您看看吧。我們這兒有襯衣、裙子、睡衣,還有圍巾、手絹等等。您看這件金黃色的連衣裙,您穿多漂亮啊!
B:不行,顏色太鮮了。
A:那這件綠色的怎麼樣?
B:謝謝,我不要。請您拿女式睡衣給我看看,要那種。
A:您看看這件。
B:顏色、樣子都不錯,有大一點兒的嗎?
A:您穿這個號碼正合適。
B:我是買來送人的。
A:對不起,我還以爲您自己穿呢。您看這件淺藍色的怎麼樣?
B:這件很好。多少錢?
A:五百八十四塊。
B:五百八十四?價錢不比香港便宜呀!
A:一分錢一分貨嘛!這種睡衣用的是地道的杭州絲綢,做工精細,質量有保證,送人作禮物最好了。便宜貨拿不出手呀!
B:你真會做買賣。好吧,在哪兒交錢?
A:請到那邊收款臺付款。
B:謝謝。

1. 聽第一遍,判別正誤並改正錯處:
   1) 商店裏的絲綢服裝品種很多。
   2) 林美娟要買一件連衣裙。
   3) 林美娟不喜歡顏色鮮艷的衣服。
   4) 這件睡衣不是給自己買的。
   5) 林美娟覺得這件睡衣不便宜。

6）林美娟最後沒買這件睡衣。

2. 聽第二遍，選擇正確答案；
    1）商店裏的絲綢服裝有
        a　襯衣、褲子、手絹等
        b　襯衣、圍巾、帽子等
        c　襯衣、裙子、睡衣等
    2）售貨員第一次拿的睡衣
        a　樣子不好看
        b　號碼太小了
        c　顏色太鮮了
    3）這件睡衣的價錢
        a　比香港貴
        b　比香港便宜
        c　跟香港差不多

3. 聽第三遍，回答問題：
    1）這件睡衣貴不貴？林美娟為什麼買了？
    2）"一分錢一分貨"是什麼意思？

四、泛聽練習

聽下面的短文，看你能不能跳躍障礙詞語，理解全文：

（一）　　商品廣告三則

1. 金秋時節，穿在長安。長安商場正在舉辦名牌羊毛衫、羊絨衫、西服、休閒裝等服裝、鞋帽展銷。歡迎各界朋友光臨。

聽兩遍後回答：
1）展銷在哪個商場舉行？
2）小王要買一套西裝和一雙皮鞋，那裏能不能滿足他的要求？

2. 國華商場把實惠送給大家,國產名牌彩電康佳、長虹均讓利10%,各款羊毛衫、羊絨衫也九折優惠。

聽兩遍後回答:
1) 想買一臺長虹牌彩色電視機,去哪個商場?
2) 那裏可以便宜多少錢?

3. '96重陽節,賽特商場特別推薦跑步機、划船器、健腰機及保健食品等,10月15號到31號部分商品九折優惠。

聽兩遍後回答:
1) 這條廣告是關于哪一類商品的?
2) 在哪個商場有這些商品?
3) 什麼時間有優惠?

(二)　　怎麼討價還價

　　德國的一本名叫《婦女》的雜誌刊登過一篇文章,題目是:購物不要怕還價。
　　這篇文章說,市場經濟的主要規則簡單地說來就是:價格不是一成不變的。越來越多的消費者注意到,會還價的人能夠省下很多錢。壓價是人們愛幹的一件開心事。內行人說,還價時重要的是商品、商店和時間都要選擇對。
　　第一條規則是:凡是價格貴、老化快、商人賺得多的商品,都可以還價。這包括服裝、家具、體育設備和汽車等。
　　第二條規則是:小店比大店便宜。售貨員往往不能改變價格,因此您應該盡可能同老闆或經理談。
　　第三條規則是:選擇適當的時機。比如,汽車商往往要在一個季度末完成銷售定額,這時價格好商量。服裝最好在大甩賣之前不久購買,那時選擇的面還寬。
　　"談價錢除了需要時間以外,顧客的言談也應友好",一家精品店的女經理說,這樣效果才能不錯。價格上總是有餘地的,但不是50%。一般說,您可以減價10%。

1. 聽兩遍後判別正誤:
    1) 這篇文章是給婦女看的。
    2) 商品的價格是不能變的。
    3) 討價還價是人們喜歡做的事。
    4) 討價還價要注意三條規則。
    5) 談價錢需要時間。
    6) 一般地說,常可以減價50%。

2. 聽第三遍後,簡單回答問題:
    討價還價有哪三條規則?

第 八 課

一、 語音練習

1. 聽寫拼音：

   1) yùndòng 2) xiūxián 3) yǐngxiǎng 4) xiǎngshòu 5) fāzhǎn
   6) tóuzī 7) qiúxīng 8) huīfèi 9) jīfēn 10) hē zuì
   11) Shēngmìng zàiyú yùndòng.
   12) Shēntǐ hǎo cái néng gōngzuò hǎo, xuéxí hǎo.
   13) Nǐ hē zuì le háishì zěnme de?
   14) Gāo'ěrfūqiú, zhè suàn shénme yùndòng?
   15) Zài bú duànliàn, nǐ huì gèng pàng de.

2. 聽我問,請你標出答句的重音：
   1) 你喜歡什麼運動？（我喜歡滑冰。）
   2) 你喜歡運動嗎？（我非常喜歡。）
   3) 你們去哪兒打網球？（我們去亞運村打網球。）
   4) 你喝醉了吧？（我才沒喝醉呢。）
   5) 你什麼運動都不參加嗎？（我有時跑跑步。）
   6) 比賽什麼時候開始？（已經開始半天了。）
   7) 哪個隊踢得好？（紅隊踢得好。）
   8) 你什麼時候開始打拳的？（我從小就練了。）
   9) 你們那兒體育場多嗎？（到處都有體育場。）
   10) 今天早上你鍛煉了沒有？（鍛煉了。）

3. 聽句子,請你標出所給詞語的聲調並摹做句子：
   1) 集貿市場裏真熱鬧。（熱鬧）

2) 咱們一定要把晚會辦得熱熱鬧鬧的。(熱熱鬧鬧)
3) 秋天,這裏的景色漂亮極了。(漂亮)
4) 參加晚會的姑娘們都穿得漂漂亮亮的。(漂漂亮亮)
5) 這種睡衣是用地道的杭州絲綢做的。(地道)
6) 要學一口地地道道的普通話真不容易。(地地道道)
7) 忙了大半天,房間都打掃乾净了。(乾净)
8) 忙了大半天,我們把房間打掃得乾乾净净。(乾乾净净)
9) 夏天天氣很熱,但也有涼快的好去處。(涼快)
10) 屋子里涼涼快快的,出去幹嘛?(涼涼快快)

二、 語法練習
1. 聽句子,邊聽邊填空,然後朗讀:
1) 學校裏的健身房設施很好。
2) 每次比賽,小王都是忠實觀眾。
3) 我不會喝酒,喝一小杯就會醉。
4) 喝點兒啤酒,聽聽音樂,真是一種享受。
5) 修建高爾夫球場要佔用大量土地。
6) 買這種房子可以分期付款。
7) 圖書館的閱覽證不能轉讓。
8) 海德先生打算明年來中國投資。
9) 老王幹什麼都是慢慢騰騰的。
10) 忙了一天,累得腰酸腿疼,什麼也不想幹了。

2. 聽下列句子和對話,選擇正確答案:
1) 每次有紅隊參加的比賽,我都是忠實觀眾。
這句話的意思是
a 他每次比賽都看
b 他經常參加比賽
c 紅隊參加的比賽他都看
2) 你病了還是怎麼的?
這句話的意思是
a 你怎麼了

b 你是不是病了
　　　c 你得了什麼病
3) 這種車誰買得起?
　　這句話的意思是
　　　a 這種車很貴
　　　b 這種車很便宜
　　　c 這種車誰都買得起
4) 出國旅遊沒錢不行啊,去一趟少說也得好幾萬。
　　這句話的意思是
　　　a 出國旅行花錢很少
　　　b 出國旅行花錢很多
　　　c 出國旅行不用花錢
5) 吃完飯也不活動活動,看你的肚子都大成什麼樣啦?
　　這句話的意思是
　　　a 應該去醫院
　　　b 應該去開會
　　　c 應該去散步
6) A(男):我倒想鍛煉,可是沒條件啊。
　　B(女):鍛煉還要什麼條件呀?
　　女的意思是
　　　a 鍛煉不需要條件
　　　b 鍛煉要什麼樣的條件
　　　c 鍛煉要不要條件
7) A(男):你先生說起足球這麼內行,一定踢得不錯吧?
　　B(女):什麼呀,他是光練嘴,不練腿。
　　女的意思是
　　　a 他先生足球踢得不錯
　　　b 他先生足球踢得不好
　　　c 他先生祇會說,不會踢
8) A:假期打算去哪兒?
　　B:享受陽光和海水。
　　他要去哪兒度假?

      a   去海邊
      b   去爬山
      c   去國外

9) A:你認爲什麽鍛煉方式最好?
   B:這怎麽説呢? 蘿蔔白菜,各有所愛嘛。
   他們在説什麽?
   a   吃飯
   b   買菜
   b   鍛煉身體

10) A:今天紅隊一定能贏。
    B:我看未必。
    女的意思是
    a   紅隊一定能贏
    b   紅隊不一定能贏
    c   我看看能不能贏

三、 綜合練習

對話(一)　　懶人談運動

〔情景:兩位朋友在談體育鍛煉〕

A(女):你經常參加體育活動嗎?

B(男):我倒是想參加,可是没條件呀!

A:鍛煉身體還要什麽條件?

B:當然啦。比如説,我最喜歡游泳和跳水,每次比賽,我都是忠實觀衆,你看那些運動員的姿勢多優美啊!

A:你也可以練嘛。

B:既没場地又没設施,怎麽練呀?

A:那你可以打打籃球、排球什麽的,這些運動對場地和設施要求不高。

B:打籃球、排球我個子太矮;踢足球吧,體力不行,跑不動。再説,這些一般化的運動有什麽意思?

A:一般化？那你可以從事貴族化的運動,打高爾夫球嘛。
B:這我倒是想過,可是沒錢不行啊。聽說,一張會員證少說也得好幾萬,誰花得起？
A:照你這麼說,有一項運動對你最合適。
B:什麼運動？
A:打太極拳呀。既不需要場地設施,也不需要花錢,簡便易行,對身體還特有好處。
B:什麼呀！那叫什麼運動,慢慢騰騰的。
A:算了吧,我看你呀,就是一個字:懶!

1. 聽第一遍,選擇正確答案：
   1) 男的經常參加運動嗎？
      a 經常參加
      b 不參加
      c 有時參加
   2) 女的認爲哪些運動對場地和設施的要求不高？
      a 游泳、跳水
      b 排球、籃球
      c 打太極拳
   3) 男的認爲打高爾夫球
      a 太一般化
      b 慢慢騰騰
      c 要花很多錢

2. 聽第二遍,判別正誤並改正錯處：
   1) 鍛煉身體需要好的條件。
   2) 男的經常參加游泳和跳水。
   3) 男的不喜歡打籃球。
   4) 男的認爲足球是一般的體育運動。
   5) 男的想打高爾夫球。
   6) 男的不喜歡太極拳。

3. 聽第三遍,回答問題:
   1) 女的説什麼運動對男的最合適?爲什麼?
   2) 男的到底喜歡什麼運動?

對話(二)　　群眾性體育活動

〔情景:一位從港澳地區來的朋友和內地人談話〕

A:昨天在公園裏,我看見很多人一起跟着音樂跳舞,他們是在開舞會嗎?

B:不,他們是在鍛煉。在很多城市的公園或居民區裏都有這樣鍛煉的人們,特別是早晨。

A:在我們那兒,也常可以看到早上跑步的人,但更多的人去有專門體育設施的健身房鍛煉。

B:在內地的大部分地區還沒有這樣的條件,人們就利用現有的場地和設施來進行鍛煉。比如打打籃球、排球、乒乓球,做做體操,練練太極拳什麼的。條件簡單,鍛煉的效果却不錯。

A:這就是你們常説的群衆性體育活動吧?

B:也可以這麼説吧。不知你見過没有,在很多地方,老人們穿着紅紅綠綠的衣服,臉上化了妝,敲鑼打鼓、熱熱鬧鬧地扭秧歌?

A:見過,我還奇怪呢,這是幹什麼?

B:這一方面是老年人的一種娛樂,另一方面也是一種鍛煉身體的方式。這已經成了許多城市的一大景觀了。

A:現在,人們花在體育鍛煉上面的時間和錢越來越多了。看來,在內地也是一樣。

B:對,以前是花錢買享受,現在是花錢買健康。人們的生活水平越來越高了嘛。

1. 聽第一遍,選擇正確答案:
   1) 早晨,很多人在公園裏
      a 開舞會
      b 鍛煉身體
      c 扭秧歌
   2) 在內地,大部分人

    a 利用現有條件進行各種鍛煉
    b 去健身房鍛煉
    c 早上跑步
   3) 老人們扭秧歌是爲了
    a 化妝、穿漂亮衣服
    b 在一起很熱鬧
    c 娛樂和鍛煉

2. 聽第二遍，判別正誤並改正錯處：
 1) 人們都願意花錢和時間來鍛煉身體。
 2) 老人們穿着紅色的或綠色的衣服扭秧歌。
 3) 條件不好，鍛煉的效果也不好。
 4) 參加鍛煉的人越來越多了。
 5) 鍛煉和生活水平的提高有關係。

3. 聽第三遍，回答問題：
 1) 在內地，人們一般怎麼鍛煉？
 2) 條件不好能不能鍛煉？怎麼鍛煉？

四、 泛聽練習

聽下面的短文，看你能不能跳躍障礙詞語，理解全文：

（一）　亞運村

  在北京市區的正北邊，有一座亞運村。它是 1990 年爲在北京舉辦的第 11 屆亞運會而修建的。亞運村的對面是奧林匹克體育中心。除了體育館、游泳館、網球場、高爾夫球練習場、健身房等各種體育設施外，那裏還建有會議中心、寫字樓、公寓、商店、飯店、餐館和娛樂場所。現在，亞運村已經成爲北京的一個集會議、展覽、辦公、居住、購物、娛樂和美食爲一體的新興的金融商貿社區，越來越受到世人的矚目。
  聽兩遍後回答：
  1) 亞運村有哪些體育設施？（最少回答三個）

2) 除了體育運動以外,那裏還可以幹什麽?(最少回答三個)

(二) 奧運會

　　世界最大的體育盛會要算是奧林匹克運動會了。奧林匹克運動會起源于古代希臘的奧林匹亞,在奧運會的創始人、法國教育家、學者顧拜旦勛爵的倡議下,1896年在希臘雅典舉行了首屆現代奧林匹克運動會。因此,顧拜旦被稱爲"現代奧林匹克之父"。

　　奧林匹克運動會由國際奧委會主辦,由其成員國(或地區)的某一城市承辦,每四年舉行一次。奧運會以"和平、友誼、進步"爲宗旨,提倡"更快、更高、更强"的體育精神。奧運會的白色五環旗上藍、黄、綠、紅、黑五個緊緊套在一起的圓環象徵着五大洲緊緊團結在一起。

　　1996年,奧運會迎來了它的100歲生日。100年間,奧運會一共舉辦了26屆,其間第6屆、第12屆和13屆因戰争原因而停辦。100年來,奧運會由最初的13個國家、280名運動員參加比賽,到第26屆的全部197個成員國、近萬名運動員參賽,奧運會已經成爲世界上規模最大的運動會。100年間,由于全世界範圍内社會的進步,經濟的發展和科技的突破,奧運會的比賽項目不斷增加,競争越來越激烈,競技水平也有了飛躍性的提高。

1. 聽兩遍後判别正誤:
   1) 奧林匹克運動會起源于古代希臘。
   2) 第一屆奧運會是1896年在法國舉行的。
   3) 第一屆奧運會有13個國家參加。
   4) 奧運會的旗幟是五環旗,它一共有五種顔色。
   5) 第26屆奧運會于1996年舉行。
   6) 因爲戰争原因,有6屆奧運會没有舉行。
   7) 奧委會的全體成員國都參加了第26屆奧運會。
   8) 奧運會的比賽項目越來越多,水平也越來越高了。

2. 聽第三遍後簡單介紹一下奧運會。

第 九 課

一、 **語音練習**

1. 聽寫拼音：

    1) wénmíng 2) shénqí 3) cíxiáng 4) chángtú 5) huáchuán
    6) gǔ xī zhī nián   7) bú zhì zhī zhèng   8) ànshí fú yào
    9) yào dào bìng chú   10) Zhōng Xī jiéhé
    11) Zuìjìn tā bìng le, dǎ zhēn chī yào dōu bù zěnme jiànxiào.
    12) Zài shénqí de dàifu yě bù kěnéng shénme bìng dōu néng zhì hǎo.
    13) Yīntiān xiàyǔ shí, wǒ de guānjié téng de shuì bù zháo jiào.
    14) Chīle nín de yào, shāo yě tuì le, tóu yě bù téng le.
    15) Jīn xiānsheng jiā jǐ dài dōu shì míngyī, zài wǒmen zhèr yuǎnjìn wénmíng.

2. 聽我問，請你標出答句的重音：

    1) 你怎麼了？（我感冒了。）
    2) 你哪兒不舒服？（我頭疼。）
    3) 什麼時候開始不舒服的？（已經好幾天了。）
    4) 你吃藥了沒有？（吃了，不見效。）
    5) 你去醫院了嗎？（我就怕上醫院。）
    6) 剛才你去哪兒了？（我去醫院了。）
    7) 大夫，這藥怎麼吃？（這不，藥袋上都寫着呢。）
    8) 你這關節炎什麼時候得的？（好幾年前就得了。）
    9) 大夫，我的病厲害嗎？（你的病得住院治療。）
    10) 請問，牙科是在這兒嗎？（不，這兒是眼科。）

3. 聽我問,請你用所給的詞語回答問題,注意輕聲的讀法:
1) 海德先生來中國幹什麼?(做生意)
2) 中國人見面爲什麼常常問你去哪兒?(打招呼)
3) 小王家的新居怎麼樣?(佈置)
4) 老師今天留了什麼作業?(翻譯)
5) 你怎麼知道這件事的?(告訴)
6) 你哪兒不舒服?(厲害)
7) 你感冒了吧?(咳嗽)
8) 這麼早你去哪兒?(活動)
9) 你看的什麼書?(故事)
10) 你爲什麼喜歡看跳水比賽?(姿勢)

二、 語法練習
1. 聽句子,邊聽邊填空,然後朗讀:
1) 吃藥沒有打針見效快。
2) 這種藥有神奇的療效。
3) 長城是世界聞名的古蹟。
4) 金大夫的臉上總是掛着慈祥的笑容。
5) 經過長途旅行,大家都累壞了。
6) 聽說他得了不治之症,是真的嗎?
7) 這個商店的售貨員總是微笑着接待顧客。
8) 你給我們講講在國外生活的經歷吧。
9) 王老先生已是古稀之年,身體還那麼好。
10) 病人按照大夫的話,按時吃藥,堅持鍛煉,很快就恢復了健康。

2. 聽對話,選擇正確答案:
1)A:小王,最近怎麼沒見你?
　B:別提了,最近我天天跑醫院了。
　　從他們的對話我們知道
　　a　小王每天很忙

203

  b　小王每天跑步

  c　小王每天看病

2) A: 大夫,我的病厲害嗎?

 B: 你的病一趟兩趟可治不好。

  大夫的意思是

  a　他的病治不好

  b　他的病不厲害

  c　他的病要去醫院很多次

3) A: 菜做得不好,大家請嚐嚐吧!

 B: 老王,沒想到你太太真有兩手!

  這句話的意思是,老王的太太

  a　菜做得很好

  b　菜做得不好

  c　用兩隻手做菜

4) A: 你爺爺多大年紀了?

 B: 已過了古稀之年了。

  他爺爺多大歲數了?

  a　60多歲

  b　70多歲

  c　80多歲

5) A: 萬大夫什麼病都能治好嗎?

 B: 再好的大夫也不可能什麼病都治得好。

  這句話的意思是

  a　萬大夫能治好所有的病

  b　萬大夫不一定能治好所有的病

  c　萬大夫什麼病也治不好

6) A: 打針、吃藥怎麼一點兒也不見效啊?

 B: 看來西醫是沒辦法了,你去中醫醫院試試吧。

  他們的對話說明

  a　打針、吃藥是好辦法

  b　中醫治不了這個人的病

  c　西醫治不了這個人的病

7)A:聽說小陳還會針灸？跟誰學的？
　B:你不知道？他家幾代都是名醫,就他一個人學了工科。
　從這句話我們知道
　　a　小陳是大夫
　　b　小陳的爺爺、爸爸是大夫
　　c　小陳在學校學了針灸

8)A:(男)我就怕喝中藥,味道真讓人受不了。
　B:(女)良藥苦口嘛,藥還有好吃的？
　女的意思是
　　a　中藥很苦
　　b　中藥不好吃
　　c　藥都不好吃

9)A:(女)你現在還打太極拳嗎？
　B:(男)咳,練了兩天,沒堅持下去。
　從他們的對話可以知道
　　a　男的現在還練太極拳
　　b　男的一直打太極拳
　　c　男的現在不打太極拳了

10)A:胡先生是上星期來的吧？
　B:上星期四來的,辦完事當天就回去了。
　胡先生什麼時候走的？
　　a　上星期
　　b　上星期四
　　c　上星期五

三、綜合練習

對話(一)　　請病假

〔情景:陳亞芬給她的科長打電話〕
A:喂,黃科長嗎？我是陳亞芬。
B:亞芬,有什麼事嗎？

A:黃科長,跟你請個假,今天我上不了班了。
B:你怎麼了？病了嗎?
A:我這幾天一直不舒服,頭疼,咳嗽,還有點兒發燒。
B:去醫院了沒有?
A:那還能不去？針也打了,藥也吃了,還是不見好。醫生建議我臥床休息。
B:那你就在家休息吧。哎,那份報告你寫完了嗎?
A:寫完了,昨天我把它放在你桌子上了。
B:真不簡單,帶病堅持工作,謝謝!
A:得了吧,科長,平常你少批評我幾句就行了。
B:你這麼工作我還能批評你？好好休息吧,再見!
A:再見!

1. 聽第一遍,判別正誤並改正錯處:
   1) 陳亞芬病了,不能去上班。
   2) 從昨天開始她不舒服。
   3) 她沒去醫院看病。
   4) 打針、吃藥都不見效。
   5) 她應該完成一件工作。
   6) 她把寫好的東西放在辦公室了。
   7) 平常科長很少批評她。
   8) 這次科長對她的工作很滿意。

2. 聽第二遍,邊聽邊填空,然後朗讀:
   1) 陳亞芬打電話向科長請假。
   2) 她頭疼、咳嗽,還有點兒發燒。
   3) 大夫建議她臥床休息。
   4) 科長對她帶病堅持工作很感謝。
   5) 她把科長要的報告寫完了。

3. 聽第三遍,回答問題:
   1) 陳亞芬為什麼給科長打電話?

2）打電話時科長怎麼說？

對話（二）　　王士文減肥

〔情景：楊樂在路上遇見了王士文〕

A：王士文，好久不見了，你這是到哪兒去？
B：我剛從醫院出來，正要去藥店呢。
A：你去醫院？自從認識你，還沒聽說過你去醫院呢。你病了嗎？
B：咳，別提了，我正在減肥。
A：這更是新聞了。你是怎麼下決心的？以前怎麼勸你你都不聽。
B：哎，胖子的苦惱太多了，行動不方便不說，連買衣服都困難。再說，周圍的輿論也太厲害：報紙、廣播天天講，太太說，朋友們勸，所以我祇好下決心了。
A：讓我看看，真見效，你是瘦了，不過臉色可不怎麼好看。
B：臉色能好看嗎？最近一段時間，我天天喝減肥茶，吃減肥藥，每天就吃一頓飯。
A：那你不餓嗎？
B：開始餓得厲害，後來……
A：後來怎麼樣？
B：後來就不餓了，什麼也不想吃了，就是看見烤鴨也沒有胃口了，全身沒勁兒，什麼也不想幹。
A：這可太糟糕了，我們可都想吃烤鴨呢。
B：你還開玩笑呢！你看，現在我的胃出了問題，醫生說，這是減肥方法不科學的結果。
A：對不起，不開玩笑了，給你提個建議吧：光靠吃藥不行，你還應該多參加健身運動。
B：對，醫生也這麼說。不過，運動的事以後再說吧，現在我得先治好我的胃。不然以後怎麼吃烤鴨啊！
A：你還想着吃烤鴨哪！

1. 聽第一遍，選擇正確答案：

1) 王士文去哪兒了？
   a 醫院
   b 藥店
   c 商店
2) 最近一段時間王士文在幹什麼？
   a 聽新聞
   b 看病
   c 減肥
3) 王士文臉色不好是因爲
   a 太餓了
   b 得了胃病
   c 太瘦了
4) 楊樂給王士文提了個什麼建議？
   a 吃烤鴨
   b 吃藥
   c 參加運動

2. 聽第二遍，判別正誤並改正錯處：
   1) 王士文不常去醫院。
   2) 王士文以前身體不太好。
   3) 朋友們常勸他去醫院。
   4) 最近王士文每天吃飯很少。
   5) 王士文不愛吃烤鴨。
   6) 因爲減肥方法不好，所以他得了胃病。
   7) 醫生讓王士文多參加體育活動。
   8) 王士文決定馬上參加鍛煉。

3. 聽第三遍，回答問題：
   1) 王士文爲什麼下決心減肥？
   2) 他是怎麼減肥的？結果怎麼樣？

四、泛聽練習

聽下面的短文，看你能不能跳躍障礙詞語，理解全文：

（一） 針灸療法

針灸是針法和灸法的總稱，是中醫常用的治療方法，它廣泛應用于內科、外科、婦科、兒科、五官科等各種疾病的治療和預防，見效快，效果好，方法簡便易行，沒有或很少有副作用。在中國，人們很早就開始用針灸療法治病了；而且，早在大約兩千年前，針灸療法就傳到了朝鮮、日本、東南亞和中亞地區各國，後來又被介紹到歐洲一些國家。

1. 聽第一遍，邊聽邊填空：
   1）針灸療法是中醫常用的治療方法。
   2）它廣泛應用于內科、外科、婦科、兒科和五官科。
   3）針灸療法見效快，效果好，方法簡便易行，沒有或很少有副作用。
   4）大約兩千年前，針灸療法就傳到了國外。

2. 再聽一遍，簡單回答問題：
   1）針灸療法有什麼優點？
   2）針灸療法很早就傳到了哪些國家和地區？

（二） 怎麼吃晚餐有利于健康

在現代城市里，人們白天忙于工作，常常是午餐隨便吃一點兒，把晚餐做得比較豐盛。但是，吃飽飯之後時間不長就入睡，久而久之就會生病。醫學生理學家認爲，如果晚餐吃得過多，會使人發胖，還會導致糖尿病的發生。如果晚餐吃得太晚而睡得較早，時間長了，有可能引起很多疾病，甚至在夜間突然休克或死亡。因此爲了您和全家的健康，晚餐應該做到：清淡，易消化，有營養；不過量，不過飽，不過遲。

1. 聽兩遍後判別正誤：
   1) 白天人們工作很忙，午飯吃得很隨便。
   2) 晚飯人們常常做很多菜。
   3) 吃飽飯之後不睡覺就會生病。
   4) 午餐吃得太多會發胖。
   5) 睡得太晚可能會在夜間死亡。
   6) 晚餐應該多吃肉和各種好東西。
   7) 晚餐的時間不應太晚。

2. 再聽一遍，簡單回答：
   1) 晚餐吃得太多或太晚有什麼壞處？
   2) 怎麼吃晚餐對健康有好處？

第十課

一、 **語音練習**

1. 聽寫拼音：
   1) xíguàn 2) lìngwài 3) shàngbān 4) shǎndòng
   5) cóngróng 6) shùnshǒu 7) xiāomó 8) piānyuǎn
   9) jiǎngjiu 10) shíguāng
   11) Qí zìxíngchē de zhēn yǒu liǎngxiàzi.
   12) Lǎo Wáng chī zǎofàn zǒngshì cōngcōng mángmáng de.
   13) Nǐ zěnme shěde mǎi zhème guì de dōngxi ne?
   14) Zhèlǐ mài de dōngxi, búlùn xiǎocài háishì diǎnxīn dōu shì zhèngzōng de.
   15) Qíshí shàng chálóu yě shì yìzhǒng shèjiāo huódòng.

2. 聽我問，請你標出答句的重音：
   1) 你早上一般吃什麼？（就喝點兒牛奶。）
   2) 今天早上吃的什麼？（吃的餛飩。）
   3) 你在哪兒吃的早飯？（上班的路上。）
   4) 參加舞會的都是年輕人吧？（不，男女老少都有。）
   5) 北方菜你習慣嗎？（還可以，就是有點兒鹹。）
   6) 再吃一塊蛋糕吧！（謝謝，我不喜歡吃甜的。）
   7) 在你們那兒，人們在哪兒吃早餐？（一般去茶樓。）
   8) 茶樓不是喝茶的地方嗎？（那兒還供應點心。）
   9) 請問，哪位是陳先生？（夾着公文包的那個。）
   10) 你們那兒住的華人多嗎？（多，特別是廣東人。）

3. 聽句子,請你把所給的詞語填在適當的位置,注意每組詞發音的不同,然後朗讀:
    1) 我很喜歡這裏的一切,對這兒的生活我已經習慣了。
        (a xǐhuan   b xíguàn)
    2) 小姐,我要的是包子,不是報紙。
        (a bàozhǐ   b bāozi)
    3) 歡迎你們來參觀,我們這兒環境不錯。
        (a huánjìng   b huānyíng)
    4) 火車過隧道時我正在睡覺,什麼也不知道。
        (a suìdào   b shuìjiào)
    5) 這個房間是給留學生專用的,別人不能佔用。
        (a zhuānyòng   b zhànyòng)
    6) 我們平常哪兒有機會品嚐這麼好吃的菜?
        (a píngcháng   b pǐncháng)
    7) 我帶的錢不多,當然住不起單人房間。
        (a dānrén   b dāngrán)
    8) 我哥哥和嫂子兩人就這麼一個小子,寶貝得不得了。
        (a xiǎozi   b sǎozi)
    9) 剛才,警察已經來檢查過這輛汽車了。
        (a jiǎnchá   b jǐngchá)
    10) 今天早上,我們去公園照相了。
        (a zhàoxiàng   b zǎoshang)

二、 語法練習
    1. 聽句子,邊聽邊填空,然後朗讀:
        1) 廣東人吃早茶要從容得多。
        2) 南方人比北方人更講究吃。
        3) 你看,遠處有燈光在閃動。
        4) 這個飯店的四川菜都是正宗的。
        5) 不少中國人到了國外不習慣吃西餐。
        6) 早茶其實是指廣東風味的小吃。
        7) 不論在南方還是北方,餛飩都是常見的小吃。

8) 街道兩邊的小吃攤旁總是有很多人。
9) 有些人到茶館喝茶是爲了消磨時間。
10) 多參加些社交活動可以幫助提高普通話水平。

2. 聽對話,選擇正確答案:
　　1) A:小王,真不好意思,又麻煩你幫我拿報紙。
　　　 B:我去取信,順手就給你帶來了。
　　　　從他們的對話我們知道
　　　　a　小王不好意思
　　　　b　小王去取報紙
　　　　c　小王常幫助別人
　　2) A:這種電視節目有什麼好看的?
　　　 B:没事幹,消磨時光唄。
　　　　他們的對話說明
　　　　a　他們不喜歡電視節目
　　　　b　他們喜歡電視節目
　　　　c　他們没有時間
　　3) A:王太太怎麽會捨得買這種衣服呢?
　　　 B:今天市場大減價吧。
　　　　他們的對話說明
　　　　a　今天這種衣服很便宜
　　　　b　王太太平常捨得花錢
　　　　c　王太太不會買衣服
　　4) A:你認識金大夫嗎?
　　　 B:我們這兒連三歲的孩子都知道他。
　　　　這個人的回答說明
　　　　a　三歲的孩子認識金大夫
　　　　b　金大夫很有名
　　　　c　金大夫喜歡孩子
　　5) A:今晚要麽去看電影,要麽去跳舞,你選擇吧。
　　　 B:兩樣都没意思,還是在家裏看看電視得了。
　　　　今天晚上他們幹什麽?

a　看電影
　　　b　看電視
　　　c　去跳舞
6) A:王先生,去上班呀?
　　B:我約了個朋友,在茶樓見面。
　　王先生去哪兒?
　　　a　上班
　　　b　去朋友家
　　　c　去茶樓
7) A(女):要說吃,南方人比北方人講究多了。
　　B(男):未必。北京的小吃豐富得很,祇是你不知道罷了。
　　男的認爲
　　　a　南方人一定比北方人會吃
　　　b　北方人比南方人講究
　　　c　北京也有很多好吃的東西
8) A(男):你可來了,我們這兒不好找吧?
　　B(女):問來問去好容易找到了。
　　女的意思是
　　　a　她打聽了很多地方才找到
　　　b　她來了又去了
　　　c　她找到這裏很容易
9) A(女):聽說王士文正在減肥,一天祇吃一頓飯。
　　B(男):是嗎,他可真有兩下子。
　　男的意思是
　　　a　王士文吃得很多
　　　b　王士文水平很高
　　　c　王士文減肥的決心很大
10) A(女):你一天三頓飯怎麼安排?
　　B(男):早飯在路上吃,午飯在辦公室吃,今天的晚飯還不知道呢。
　　從他們的談話我們知道

a 男的每天吃三頓飯
b 男的每天很忙
c 男的不會做飯

三、綜合練習

對話(一)　　北京的茶館

〔情景：一位老先生和他的孫子談話〕

A:爺爺,這次回國感覺怎麼樣?
B:北京的變化太大了,老北京的影子幾乎一點也看不見了。
A:幾十年了嘛,哪兒能不變呢?
B:別的不說,就說昨天吧。在城裏逛了半天,又累又渴,可連一處茶館也找不到。以前茶館可是北京人離不了的地方啊。
A:滿街的咖啡屋、快餐店,您不會進去坐坐嗎?
B:要去那些地方,我還回國來幹嘛? 在海外這些年,我總是懷念咱北京的茶館,就想回來再坐坐。
A:茶館有什麼好呢?
B:以前北京城裏各種各樣的茶館多極了,除了茶以外,有的還賣小吃、點心或酒飯。有的茶館裏還有說評書的。茶客不分身份高低,都愛去茶館休息、聊天兒、聽書、會友,既方便又便宜,真是消遣的好去處。你們這些年輕人,就認識麥當勞、肯德鷄,哪兒知道坐茶館的樂趣啊!
A:現代社會,講究高效率,快節奏,誰捨得功夫坐茶館啊?
B:不管怎麼說,茶館沒有了太可惜了!
A:哎,對了,爺爺,前門那兒有一家老舍茶館,是這些年新建的。雖然跟您說的不完全是一回事,但一定有您感興趣的東西,哪天我陪您去看看?
B:是嗎? 那咱們明天就去吧!

1. 聽第一遍,選擇正確答案:
   1) 這位老先生從哪兒來?

　　　　a　城里
　　　　b　外地
　　　　c　海外
　　2) 他昨天幹什麽了？
　　　　a　逛北京城
　　　　b　找茶館
　　　　c　去咖啡屋
　　3) 現在北京的茶館
　　　　a　跟以前一樣
　　　　b　基本沒有了
　　　　c　還有,跟以前不一樣了
　　4) 現在的年輕人更喜歡去
　　　　a　飯店
　　　　b　茶館
　　　　c　快餐店

2. 聽第二遍,判别正誤並改正錯處:
　　1) 這位老先生是北京人。
　　2) 以前,北京人不常去茶館。
　　3) 有錢的人才能去茶館坐坐。
　　4) 茶館裏還可以吃飯。
　　5) 現在,咖啡屋和快餐店到處都有。
　　6) 老先生在國外很多年已經忘了茶館了。
　　7) 老先生很想快一點兒去茶館。

3. 根據對話内容,選擇下列句子的正確解釋:
　　1) "老北京的影子幾乎一點兒也没有了",這句話的意思是
　　　　a　北京的什麽都没變
　　　　b　在北京看不見人
　　　　c　北京的樣子跟以前完全不一樣了
　　2) "要去那些地方,我還回來幹嘛?"這句話的意思是
　　　　a　我應該去那些地方,我回來幹什麽呢

      b　要是想去那些地方,我就不回來了
      c　我要去那些地方,我不回來了
  3)"那個茶館跟您說的不完全是一回事",這句話的意思是
      a　那個茶館是怎麽回事
      b　您說的那個茶館的情況不對
      c　那個茶館和您說的不完全一樣

4. 再聽一遍,回答問題:
  1)這位老先生爲什麽想去茶館?
  2)根據對話内容簡單介紹一下北京以前的茶館。

對話(二)　　"將就"和"講究"

〔情景:王士文和黃小玉談話〕

A:小玉,又吃方便面呀?這怎麽行呢?

B:今天作業太多,時間緊,將就吃一頓算了。我不像你,整天研究吃的。

A:這你算說對了。跟你比起來,我就算是個行家了。這吃嘛,一個人祇要口袋裏有錢,吃飽就不是什麽問題,但這吃又有"講究"和"將就"之分。像你這樣就是將就,祇是吃飽肚子罷了。

B:那什麽是講究呢?

A:我們中國人最講究吃。南甜北鹹,東辣西酸,中國這麽大,各地的菜都有不同的風味。但不管什麽菜,都是既講究營養,又講究色、香、味。所以,吃菜就是要品嚐它們不同的特點。

B:常聽人說四大菜系,是說哪四個菜系?

A:四大菜系一般是指山東、四川、廣東、江蘇四大菜系。

B:哦,是這樣。廣東菜不用說了。四川菜好吃是好吃,就是太辣了。江蘇菜口味和我們比較接近。山東菜嘛,我就不太瞭解了。

A:你不知道吧,咱們都吃過的北京烤鴨,其實不是地道的北京菜,它原來叫燒鴨。以前北京最有名的烤鴨店是山東人開的,所以有人說它是山東菜。可有的書上又說它是從南京來的。

B:看來你真是內行啊！你怎麼知道這麼多的？
A:我對吃特別感興趣,所以就特別注意這方面的知識唄。

1. 聽第一遍,選擇正確答案：
   1) 王士文見到黃小玉時,小玉正在
      a 做作業
      b 吃飯
      c 研究吃的
   2) 王士文認爲黃小玉吃飯
      a 很講究
      b 很有錢
      c 祇是吃飽肚子
   3) 下面的菜哪些是四大菜系里的?
      a 江蘇菜 山東菜 北京菜
      b 四川菜 江蘇菜 廣東菜
      c 北京菜 四川菜 廣東菜
   4) 王士文在吃上面很内行是因爲
      a 他每天吃飯
      b 他對吃很感興趣
      c 他很注意學習這方面的知識

2. 聽第二遍,判別正誤並改正錯處：
   1) 一個人祇要有錢就可以吃飽,但不一定會吃。
   2) 王士文吃飯很講究。
   3) 中國各地的菜風味都一樣。
   4) 四大菜系是四種有名的菜。
   5) 黃小玉對廣東菜和江蘇菜比較瞭解。
   6) 黃小玉認爲四川菜不好吃。
   7) 烤鴨是北京風味。

3. 聽句子,邊聽邊填空,然後朗讀：
   1) 這吃又有<u>講究</u>和<u>將就</u>之分。

2）中國各地的菜都有不同的風味。
   3）不管什麽菜,都既講究營養,又講究色、香、味。
   4）烤鴨其實不是地道的北京菜。
   5）王士文對吃特別內行。

4． 跟讀下列句子：
   1）今天沒時間,將就吃一頓算了。
   2）那什麽是講究呢？
   3）四川菜好吃是好吃,就是太辣了。
   4）這你算說對了。
   5）看來你真是內行啊！你怎麽知道這麽多的？

5． 再聽一遍,結合課文談談你所瞭解的中國菜。

四、泛聽練習

聽下面的短文,看你能不能跳躍障礙詞語,理解全文：

菜名的來歷

在全世界各地,幾乎都可以見到中國餐館,中國菜好吃,這已經是盡人皆知的事了。但你知道嗎,中國菜的名稱也很有講究呢！

有的菜名,是以地名加上用料或做法兒命名的,比如北京烤鴨、西湖醋魚等。有的菜名是以創始人的名字加上用料而命名的,比如麻婆豆腐、夫妻肺片等等。還有的菜名與做法或盛菜用的容器有關,比如砂鍋雞塊、清蒸魚等等。其他還有很多,真是五花八門,豐富多彩。

說起菜名的來歷,有不少還有一段有意思的故事呢。傳說宋朝的大詩人蘇東坡在杭州做官時,發動數萬民工治理了西湖,人們爲了答謝他送來了豬肉,蘇東坡叫家裏的人把豬肉加上酒和其他作料燒製成美味的菜,按照民工的名單送給每家每戶。人們給用這種辦法燒製的肉起了個名叫"東坡肉"。一直到今天,東坡肉仍然是人們餐桌上的一道美味佳餚。

1. 聽兩遍後判別正誤：
    1）中國飯館在中國才有。
    2）每個人都知道中國菜好吃。
    3）因爲蘇東坡爲人民做了好事，所以人們送猪肉感謝他。
    4）蘇東坡做了美味的菜送給大家吃。
    5）這種菜是用肉和酒燒成的。
    6）東坡肉今天已經見不到了。

2. 這段短文是談中國菜的。再聽一遍，指出下面哪些内容是文中沒談到的：
    1）地名
    2）創始人的名字
    3）菜的味道
    4）菜的顔色
    5）盛菜用的容器
    6）菜的價錢
    7）用料的名稱
    8）做菜的方法
    9）菜的數量
    10）吃菜的方法

第 十 一 課

一． 語音練習

    1． 聽寫拼音：

        1) guīnü   2) jiēfang   3) dōngbian   4) qīngchu

        5) kuānchang   6) gètǐhù   7) xiǎoliǎngkǒur   8) zìxíngchē

        9) xī xiāngfáng   10) lǎorénjia

        11) Zhè tiáo hútòng zhù de dōu shì jǐshí nián de lǎo línju.

        12) Běijīng gàile nàme duō gāolóu, sìhéyuàn shǎo duō le.

        13) Érzi bú fàngxīn wǒ zìgěr zhù, cháng dǎ diànhuà lai.

        14) Xiànzài sìshìtóngtáng de dà jiātíng bù duō le.

        15) Nàxiē nián wǒmen zhège yuànzi rènao zhe ne.

    2． 聽我問，請你標出答句的重音：

        1) 你家住在幾樓？（我家住平房。）

        2) 你在哪兒工作？（我是電視臺記者。）

        3) 小張家幾口人？（就他們小兩口兒。）

        4) 小張家住哪兒？（他們家住居民小區。）

        5) 你們來這條胡同找人嗎？（不，我們想看看四合院。）

        6) 你怎麼不跟孩子們一起住？（他家的房子太小。）

        7) 平常孩子們回來嗎？（節假日才回來。）

        8) 你小時候上幼兒園嗎？（我是跟姥姥長大的。）

        9) 小王有孩子了嗎？（他還沒成家呢。）

        10) 請問，楊樂是住在這兒嗎？（她已經搬走了。）

    3． 聽句子，選擇適當的詞語填空，注意每組詞發音的不同，然後朗讀：
1) 還不到發錢的日子，我的錢就花光了。
　　（a　huāqián　　　b　fā qián ）
2) 上課時間還沒到，你不妨再等一會兒。
　　（a　bù máng　　　b　bùfáng ）
3) 這家的主人不在，你過一會兒再來吧！
　　（a　jǔrén　　　b　zhǔrén ）
4) 請你把這張條子交給他，謝謝！
　　（a　tiáozi　　　b　táozi ）
5) 今天的報告是關於語言文化的內容。
　　（a　wénfǎ　　　b　wénhuà ）
6) 顧客們反映說，這種產品很受歡迎。
　　（a　fǎnyìng　　　b　huānyíng ）
7) 這個小公園是為了居民們休閒而修建的。
　　（a　xiūjiàn　　　b　xiūxián ）
8) 把這位古稀老人的經歷編成故事，一定很有意思。
　　（a　gǔxī　　　b　gùshi ）
9) 節假日，我們有的在花園散步，有的去湖上划船。
　　（a　huáchuán　　　b　huāyuán ）
10) 這些年，人們的生活水平越來越高，去國外旅行開始流行起來。
　　（a　liúxíng　　　b　lǚxíng ）

二、 語法練習
1. 聽句子，邊聽邊填空，然後朗讀：
1) 你家的客廳真大，可以開舞會了。
2) 街道兩旁種着很多槐樹。
3) 這些農村青年來城市打工，幹的都是蓋房子的活。
4) 前兩年他丟了鐵飯碗，當了個體戶。
5) 接到入學通知書，黃小玉格外高興。
6) 這裏是新建的居民小區。
7) 老王夫婦兩人都是搞教育的。

8) 北京人常把"看"說成"瞧"。

9) 幾位太太湊到一塊兒就聊起來沒完。

10) 客人們來參觀胡同裏的四合院。

2. 聽對話,選擇正確答案:
   1) A:請問,王大朋是住這兒嗎?
       B:對不起,我剛搬來,誰也不認識。
       答話的人是王大朋的
         a   同事
         b   朋友
         c   鄰居

   2) A:老先生,您旁邊這家有人嗎?我給他送封信。
       B:他家沒人,先放我這兒吧。
       來人要找誰?
         a   老先生
         b   老先生的鄰居
         c   送信的人

   3) A:那個高個子姑娘是新搬來的。
       B:怪不得我不認識呢。
       他不認識誰?
         a   高個子的男人
         b   新來的同事
         c   新搬來的鄰居

   4) A:你知道嗎?小王當上經理啦!
       B:哼,一個院住着,進來出去連招呼都不打,有什麼了不起的!
       他不滿意的是
         a   小王不跟鄰居打招呼
         b   小王當了經理
         c   小王進來又出去了

   5) A(女):小張,上回給你賀了新居,還一直沒見過你呢。
       B(男):可不是,轉眼半年了,有空來坐坐。

從他們的對話知道
a 女的沒去過小張家
b 女的想去小張家
c 半年前小張搬家了

6) A:小王,最近怎麼在夜校沒見着你?
B:咳,全家人就圍着孩子轉了。
小王最近在忙什麼?
a 去夜校
b 照顧孩子
c 學習

7) A:我這兒媳婦比女兒還孝順呢!
B:是啊,楊大媽,這麼好的兒媳婦您上哪兒找去?
從對話我們知道
a 楊大媽正在找兒媳
b 楊大媽有女兒
c 楊大媽的兒媳很好

8) A:昨天5號的李老太太真危險哪!
B:是啊,要不是大夥兒發現早,及時送醫院,早沒命了。
李老太太怎麼了?
a 病了
b 死了
c 被大家發現了

9) A:對孩子哪兒能要什麼給什麼呀?
B:沒辦法,小皇帝嘛!
他們在談什麼?
a 關于皇帝
b 關于教育孩子
c 關于要什麼東西

10) A:這些年蓋了這麼多高樓,全一個樣子。
B:可不是,像一個個方盒子似的。
從談話可以知道
a 他們喜歡高樓

b 他們不喜歡高樓
c 他們不喜歡高樓的樣子

三、 綜合練習

對話(一)　　還是老街坊好

〔情景：老王碰見了張大媽〕
A：張大媽，好久不見了，您也買東西來了？
B：是老王啊。我這一搬走，時間不短了。
A：可不是。上回給您賀了新居，轉眼都半年了。您的新房子住着挺不錯的吧？
B：房子倒是不錯，可我怎麼覺得不如以前呢？
A：您可真是有福不會享。三室一廳的大房子，又明亮又寬敞，多好啊！還有那廚房、衛生間，又衛生又方便，以前您上哪兒找去？我要是您呀，做夢都得樂出聲兒來！
B：話是這麼說。可是住在高樓裏，上上下下不方便不說，最讓人別扭的是，家家門一關，誰也不理誰，街坊鄰居見了面，好像不認識似的，連招呼也不打。哪像咱們院裏，大夥兒像一家人似的。
A：您忘了以前您一家三代住兩間小屋兒，又小又黑，連身都轉不開。那時您是怎麼盼着搬家的？
B：現在新房子倒是住上了，可每天孩子們上班的上班，上學的上學，剩下我老太婆一個人在家裏可悶得慌了。想想以前，跟街坊鄰居湊在一塊兒聊聊天兒，心裏多高興啊！哎，對了，東屋的李老太太還好吧？
A：不太好，前兩天住院了。您還惦記她呢？您不是還跟她吵過架嗎？好像是爲誰家多佔用了一點兒地方？
B：咳，我們早沒事兒了。她住哪個醫院？有空兒我得瞧瞧她去。還是老街坊好啊，現在，就是想吵架也沒地兒吵去。
A：是啊，遠親不如近鄰嘛！

1. 聽第一遍,選擇正確答案:
   1) 張大媽在哪兒碰見老王?
      a 院子裏
      b 商店裏
      c 街上
   2) 張大媽和老王是什麼關係?
      a 老朋友
      b 老同學
      c 老鄰居
   3) 張大媽現在住的房子
      a 又小又黑
      b 又明亮又寬敞
      c 又衛生又方便
   4) 張大媽不喜歡住在高樓裏主要是因為
      a 鄰居們互相沒有來往
      b 上上下下很不方便
      c 大家都關着門
   5) 張大媽覺得以前住的院裏好是因為
      a 悶得慌
      b 常跟鄰居聊天
      c 常跟鄰居吵架

2. 聽第二遍,判別正誤並改正錯處:
   1) 老王去過張大媽的新家。
   2) 一年前老王和張大媽是鄰居。
   3) 張大媽很羨慕老王的新房子。
   4) 張大媽家以前有自己的廚房和衛生間。
   5) 現在張大媽一個鄰居也不認識。
   6) 以前他們的大院裏住了一家人。
   7) 現在張大媽一個人生活。
   8) 張大媽跟李老太太關係不好。
   9) 張大媽很想跟別人吵架。

10) 張大媽想去醫院看病。

3. 根據課文內容選擇下列句子的正確解釋：
   1)"做夢都會樂出聲來"。這句話的意思是：
      a 做夢時大聲說話
      b 做很高興的夢
      c 連做夢都很高興
   2)張大媽說："話是這麼說"。意思是
      a 同意老王的話
      b 應該這麼說話
      c 不應該這麼說話
   3)"我們早沒事兒了"的意思是
      a 我們沒事情做
      b 我們關係很好
      c 我們沒有工作

4. 再聽一遍,回答問題：
   1) 張大媽搬進新樓高興嗎？爲什麼？
   2) "遠親不如近鄰"是什麼意思？

對話(二)　　家住大雜院

〔情景:從國外回來的小梅跟叔叔談話〕

A:叔叔,這次回來,聽老人們講,過去那種一家一戶獨居的四合院現在已經不多了,大多數是好幾家合住的大雜院。

B:對,比如咱們這個院子就住了十幾家人呢。小梅,你剛從國外回來,還住得習慣嗎？

A:還是住公寓式的樓房好,房子大小沒關係,主要是又乾净又舒服,互相之間也不影響。這裏用水、厠所都是公用的,太不方便了。

B:樓房裏居住條件是好,可是家家關起門來誰也不理誰,有時連招呼也不打,哪像鄰居呀？咱們院裏,鄰里之間和和氣氣,互相幫助，咱們中國人，最講究禮節了。

A：話是這麼說，可我覺得，住在大雜院裏，幹點兒什麼都在大家眼皮底下。比如，咱家今天吃什麼飯，全院兒都知道，連一點兒隱私也談不上，這是我覺得最別扭的，怎麼也不能習慣。

B：你說的也是。不過，這也有好處呀：一家有吃好的，全院兒跟着沾光。昨天你不是還吃了楊奶奶送的餃子嗎？

A：對了，叔叔，楊奶奶家的餃子真好吃。不過，要是兩口子吵架什麼的，都會讓鄰居們知道，多不好意思啊！中國人不也常說"家醜不可外揚嗎"？

B：這也沒什麼，大家都習慣了。真要吵得厲害，大家就會勸的。鄰居們也都是好心。你看，前幾天東屋的李老太太得了急病，兒女都不在，要不是大夥兒發現及時，把她送到了醫院，可能早沒命了。

A：嗯，要是住在高樓裏，鄰里之間沒有來往，很可能死了也沒人知道呢，在國外就有這種事。

B：這也算是住大雜院的好處吧。不過，現在高樓越蓋越多，慢慢大家都會搬進樓的。鄰里之間的關係真是一個大問題呢！

1. 聽第一遍，選擇正確答案：
   1) 小梅認為住樓房
      a 很舒服
      b 不乾淨
      c 不方便
   2) 小梅覺得住在大雜院最大的問題是
      a 不舒服
      b 不乾淨
      c 沒有隱私
   3) 如果有人吵架，鄰居們
      a 都不知道
      b 都不管
      c 會勸他們
   4) 把李老太太送進醫院的是

    a　兒女們
    b　鄰居們
    c　叔叔

2. 聽第二遍,判別正誤並改正錯處:
  1) 過去那種四合院現在還很多。
  2) 叔叔他們的院兒裏住着不止一家人。
  3) 他們那兒很多設施是公用的。
  4) 中國人講究鄰里之間互相幫助。
  5) 小梅認爲住在大雜院裏自己的什麼事大家都知道。
  6) 誰家做了好吃的自己吃。
  7) 叔叔家的餃子很好吃。
  8) 誰家吵架了都不願意讓別人知道。
  9) 大家都不知道李老太太死了。
  10) 住大雜院的人以後會越來越少的。

3. 聽錄音,跟讀下列句子:
 1) 連招呼也不打,哪兒像鄰居呀?
 2) 咱們中國人最講究禮節了。
 3) 中國人不是常說"家醜不可外揚"嗎?
 4) 鄰里之間的關係真是一個大問題呢!

4. 聽第三遍,回答問題:
 1) 根據課文内容說說住樓房和平房各有哪些好處?
 2) 談談你自己的意見。

四、泛聽練習
  聽下面的短文,看你能不能跳躍障礙詞語,理解全文:

關于鄰里關係的調查

  隨着越來越多的新公寓樓、居民小區取代了胡同裏的平房、四合院,以前的那種長幼相熟、鄰里相幫的情景越來越少了。

據零點調查公司發佈的報告說,在北京35歲以下的青年中,"熟悉自己所有鄰居"的人祇佔18%,"祇熟悉個別人,和其他人祇是點頭之交"的佔41.2%,"都認識,但都是點頭之交"的佔20%,"祇大概認識幾個"的佔18%,"一個也不認識"的爲2%。

研究人員根據另一項調查認爲,小于16歲和大于35歲的市民中,對鄰里的不熟悉程度要高於上述受訪群體2-3倍。

與此項調查有關的分析表明,住在樓房區的居民較住在平房區的居民鄰里相識度低得多。34.1%的平房居民表示認識所有的鄰居,而樓房區裏祇有15%;對鄰居祇是有些面熟的市民在平房區裏是7.7%,樓房區則爲19.8%;均爲點頭之交的平房居民爲16.5%,樓房居民爲21.6%。

這次對北京青年的調查還發現,雖然高達98%的青年表示自己有好朋友,但其中42%的人稱自己的好友是昔日同窗,14%的人稱是現在的同學,26%的人好友是單位同事或工作夥伴,15.2%的人因個人興趣相投而獲得良友,祇有1.2%的人好友是鄰居。

有人說,也許我們應該發起一個活動:在某個陽光明媚的早晨,爲您的鄰居準備一束鮮花,輕輕敲開他家的門,然後說:"您好,我是您的鄰居,很想跟你們全家認識一下,可以嗎?"

1. 聽錄音填寫下表:

表一

對鄰居的熟悉程度	(百分比)%
熟悉自己所有的鄰居	18%
祇熟悉個別人,和其他人祇是點頭之交	41.2%
都認識,但都是點頭之交	20%
祇大概認識幾個	18%
一個也不認識	2%

表二

對鄰居的熟悉程度	平房區　%	樓房區　%
認識所有鄰居	34.1	15
對鄰居衹是有點面熟	7.7	19.8
均爲點頭之交	16.5	21.6

表三

好朋友是哪些人	所佔百分比　%
昔日同窗	42
現在同學	14
單位同事或工作夥伴	26
興趣相投的人	15.2
鄰居	1.2

2. 再聽一遍,簡單回答問題:
   1) 這項調查是對什麼人進行的?
   2) 調查的結果怎麼樣?
   3) 16歲以下和35歲以上的人對鄰居的熟悉程度怎麼樣?
   4) 有人建議發起一個什麼活動?

第十二課

一、**語音練習**

1. 聽寫拼音：

    1) dēng Chángchéng 2) pá táijiē 3) shuì lǎnjiào 4) huàn yīfu
    5) mǎi ménpiào   6) xiū chéngqiáng   7) jiǎng xiàohua
    8) bēi bèibāo   9) pāi zhàopiàn   10) jì rìjì
    11) Láibùjí huàn yīfu le, kuài zǒu ba!
    12) Bùxíng le, wǒ děi hē kǒu shuǐ, xiūxi xiūxi.
    13) Nǐ tài xiǎokàn rén le, wǒ háiyào gēn nǐ bǐ yì bǐ lìqi ne!
    14) Táitóu yí kàn, Xiǎoyù zhèng xiàng wǒmen zhāoshǒu ne.
    15) Yù qióng qiān lǐ mù, gèng shàng yì céng lóu.

2. 聽我問，請你標出答句的重音：

    1) 今天早上你幾點起床？（才6點我就起床了。）
    2) 你吃早飯了嗎？（我還沒洗臉刷牙呢。）
    3) 你怎麼不穿運動服？（運動服我忘在香港了。）
    4) 長城有多長？（一萬兩千七百多里。）
    5) 你們爬不動了吧？（你太小看我們女生了。）
    6) 爬長城的都有誰？（中國人、外國人都有。）
    7) 剛才你們去哪兒了？（我們在烽火臺照相呢。）
    8) 這張照片是在哪兒照的？（在長城烽火臺照的。）
    9) 你們爬到了第幾個烽火臺？（我們爬到了第三個。）
    10) 我想換件衣服，還有時間嗎？（去吧，來得及。）

3. 聽句子，請你寫出所給詞語的拼音，然後摹做，注意理解它們的意思：

1) 昨晚我躺下就睡着了。(睡着)
2) 夾着公文包的就是王經理。(夾着)
3) 這種老式手錶現在買不着了。(買不着)
4) 見着你父親,替我問個好。(見着)
5) 登上長城,我們高興極了。(登上)
6) 快上去吧,他們在上邊等你呢。(上去)
7) 先生,我的背包忘在你的車上了。(忘在)
8) 小王,小張在房間裏嗎?(在)
9) 昨天,我看電視看到夜裏兩點。(看到)
10) 陳先生下星期到北京。(到)

二、 語法練習
1. 聽句子,邊聽邊填空,然後朗讀:
　　1) 爬了兩個多小時,我們終于登上了山頂。
　　2) 這次活動是高爾夫俱樂部組織的。
　　3) 明天去長城的集合地點變了,你知道嗎?
　　4) 在我心裏,長城是個遙遠、神秘的地方。
　　5) 用這些磚石築成一道牆,可以繞地球一圈兒。
　　6) 你別小看人,女生的力氣不一定比男生小。
　　7) 休息了一會兒,我們又繼續前進了。
　　8) 這本書的內容,已經深深地印在我的腦子裏了。
　　9) 站在樓頂,可以欣賞全市的風景。
　　10) 他的問題還没問完,我的回答已經脱口而出。

2. 聽對話,選擇正確答案:
　1) A:山那麽高,你能上去嗎?
　　 B:你也太小看人了。
　　　他的意思是
　　　a　他可以爬山
　　　b　他能爬上去
　　　c　他爬不上去
　2) A:不行了,我得休息休息。

B:再堅持一下,還有一圈就跑完了。

他們在幹什麼?

a　休息

b　爬山

c　跑步

3) A:你看報了嗎?英國旅行家徒步旅行,繞地球一周。

B:這消息我也看了,他真有兩下子。

他們在談什麼?

a　關于旅行家的事

b　關于報紙

c　關于地球

4) A:(男)照相機我忘在家裏了,我回去取吧!

B:(女)算了,車都要開了,來不及了。

男的要幹什麼?

a　回家

b　上車

c　買照相機

5) A:小王,今天怎麼了,這麼早就起床?

B:咳,別提了,看錯錶了。

他們的對話說明,小王每天

a　起得很早

b　看錯時間

c　愛睡懶覺

6) A:都什麼時候了,還不起來! 又看電視了吧?

B:什麼呀,快考試了,昨晚複習到夜裏兩點。

他爲什麼還沒起床?

a　昨晚看電視了

b　昨晚複習功課了

c　昨晚考試了

7) A:你爺爺他們生活怎麼樣?

B:以前不行,這幾年才過上好日子。

爺爺的生活好嗎?

    a 以前不好,現在好
    b 現在不行,以前好
    c 以前和現在都不好

8) A:小王來了嗎?他的作業還没交呢。
   B:他呀,還没睡醒呢!
   小王在幹什麽?
    a 在路上
    b 在做作業
    c 在睡覺

9) A(女):我的電話號碼你記住了没有?
   B(男):放心,都印在腦子裹了。
   男的意思是,電話號碼
    a 他没記住
    b 他記不清楚
    c 他記得很清楚

10) A(女):你知道嗎,昨天我爬上山頂了。
   B(男):是嗎,這次你真不簡單!
   他們的對話説明
    a 女的爬上山頂不太容易
    b 女的常常爬上山頂
    c 女的爬山很快

三、綜合練習

對話(一)　　這趟長城没白去

〔情景:兩位港澳同胞在談話〕

A:(女):這次去北京,你去長城了嗎?
B:(男):那還能不去?你没聽人説嗎:"不到長城非好漢,不吃烤鴨真遺憾!"
A:烤鴨你没少吃,我相信。但好漢嘛,你不一定當得了吧?咱們這裏的饅頭山你爬上去還困難呢!

B:你太小看人了。再說,別的山怎麼能和長城相比呢! 告訴你,長城最高的烽火臺我都上去了。

A:是嗎? 那你這次真有兩下子。登上長城有什麼感覺?

B:激動極了。除了贊嘆長城的偉大和壯觀以外,簡直找不到一句話來形容它。

A:是啊,古代中國人民的智慧和勇敢真了不起! 就說那些巨大的磚石吧,不知當時是怎麼運上山去的? 我聽說,用這些磚石築成高5米、寬1米的一道牆,可以繞地球一圈多;如果用它來修一條寬5米,厚35厘米的馬路,可以繞地球三四圈! 這是多麼偉大的工程啊!

B:對,要不怎麼長城被稱爲世界建築史上的奇蹟呢! 據說,如果從遙遠的月球看地球,祇有兩樣東西可以看清楚,長城就是其中之一,它像一條白色的帶子,蜿蜒起伏,連綿不斷。

A:我看倒不如說是像一條巨龍。我們中國人不是常說自己是"龍的傳人"嗎? 長城正是中華民族古老文明的象徵。

B:你說得對,也正因爲如此,長城作爲中國名勝古蹟的代表被聯合國教科文組織列入《世界文化遺產名錄》。今天長城已成了人類共同的文化遺產,受到全世界的重視和保護。

A:看來,這趟長城你真没白去。

B:那當然,既開了眼界,又長了知識。你以爲我祇知道吃烤鴨呀?

1. 聽第一遍,選擇正確答案:
    1) 男的這次爬上了什麼地方?
        a 饅頭山
        b 長城烽火臺
        c 別的山
    2) 用修長城的磚石來修路,可以
        a 繞地球一圈多
        b 繞地球兩圈
        c 繞地球三四圈
    3) 從月球上看地球,有幾樣東西看得清楚?

    a　一樣
    b　兩樣
    c　三樣
  4) 從月球上看,形容長城更好的說法是
    a　像一條很大的龍
    b　像一條白色的帶子
    c　像一道牆

2. 聽第二遍,判別正誤並改正錯處:
  1) 男的常常爬山。
  2) 男的很少吃烤鴨。
  3) 男的爬到了長城最高的地方。
  4) 爬上長城男的很激動。
  5) 修長城的磚石運上山很容易。
  6) 從月球上看不清楚長城。
  7) 中國人認爲自己是龍的後代。
  8) 長城是中國最重要的名勝古蹟。
  9) 男的覺得去長城收獲很大。

3. 根據對話內容選擇下列句子的正確解釋:
  1) "不到長城非好漢"的意思是
    a　沒有到過長城的人是勇敢的人
    b　不去長城的人是勇敢的人
    c　爬上長城的人是勇敢的人
  2) "找不到一句話來形容長城"的意思是
    a　關于長城不能祇說一句話
    b　不知道應該怎麽形容長城
    c　關于長城沒有一句話說
  3) "這趟長城你沒有白去"的意思是
    a　白天沒有去長城
    b　長城去得很有意義
    c　去跟沒去一樣

4. 聽句子,邊聽邊填空,然後朗讀:
   1) 長城是世界建築史上的奇蹟,是中華民族古老文明的象徵。
   2) 長城就像一條巨龍,蜿蜒起伏,連綿不斷。
   3) 登上長城既開眼界,又長知識。
   4) 長城的偉大和壯觀受到世人的贊嘆。

5. 再聽一遍,回答問題:
   1) 爲什麼說長城是世界建築史上的奇蹟?
   2) 關于長城你還知道些什麼?

對話(二)　　孟姜女的故事

〔情景:同對話(一)〕
A:長城就算你爬上去了,可是有關長城的故事你知道嗎?
B:什麼故事? 我不如你見多識廣,快講講吧!
A:故事很多,先講一個流傳最廣的吧。據史書上說,秦代修建長城的工程最艱苦,秦始皇命令成千上萬的人來修建這項工程,許多人就累死在長城腳下了。傳說那時在南方有個叫萬杞良的,結婚不久就被抓到北方修長城。他的妻子孟姜女日夜想念丈夫,天冷了,她做好了冬衣,走了幾千里路,來到丈夫修建長城的地方,可是一打聽,她的丈夫已經死了。孟姜女非常傷心,一連哭了三天三夜,最後,把長城都哭倒了,見到了丈夫的屍骨。後來,孟姜女自己也跳進大海死了。
B:這是真的嗎?
A:當然這祇是個傳說罷了,但它正說明修建長城是多麼艱苦和殘酷,可以說,長城是用人民的血肉修建起來的。

1. 聽兩遍後判別正誤並改正錯處:
   1) 這個故事講的是秦朝時候的事。

2）皇帝命令一萬人來修築長城。
3）孟姜女的丈夫是北方人。
4）冬天,孟姜女到修長城的地方給丈夫送衣服。
5）她找到了丈夫。
6）她丈夫跳進大海死了。

2. 跟讀下列句子:
1）有關長城的故事你知道嗎?
2）我不如你見多識廣,快講講吧!
3）她一連哭了三天三夜,把長城都哭倒了。
4）當然,這祇是個傳說罷了。

3. 再聽一遍,請你講講孟姜女的故事。

四、泛聽練習

聽下面的短文,看你能不能跳躍障礙詞語,理解全文:

（一） 步行運動

近年來,世界各國又興起了步行健身運動。專家們的調查研究證明:步行運動兼有各種運動的優點而沒有劇烈運動的傷害,是一種<u>有百利而無一弊</u>的最完美的運動。現代醫學界也認爲,經常從事步行運動的人比較健康長壽。步行不僅使腿、脚得到鍛煉,而且能使全身所有器官組織的機能<u>活躍</u>起來,消耗多余的熱量,促進血液循環,對肥胖症、高血壓、糖尿病、腰背痛等疾病都有很好的預防和輔助治療效果。步行還是<u>解憂消愁</u>的好辦法。外出散步,呼吸一些新鮮空氣,可以使頭腦清醒,情緒平静,一切憂愁煩惱就都抛到<u>九霄雲外</u>去了。

聽兩遍,判斷下面的句子和所聽的內容是否一致:
1）現在世界各國的人都很喜歡跑步。
2）走路是各種運動中最好的運動。
3）步行運動祇有好處,没有任何壞處。

4) 經常步行的人身體不好。
5) 步行祇能鍛煉腿和脚。
6) 走路可以治療很多病。
7) 步行可以讓人心情愉快,忘記煩惱。

(二) 埃及的金字塔

在世界七大奇觀中,埃及的金字塔是最著名的古代建築。金字塔是古代埃及帝王存放屍體的陵墓,因爲它的形狀像漢字的金字形,所以被稱爲金字塔。

在公元前二千多年,古代埃及的帝王享有極大的權力,他們不僅活着時享盡榮華富貴,還想死後繼續享福。他們命令奴隸和農民爲他們修建雄偉壯麗的宮殿和金字塔群。金字塔的修建經歷了漫長的歷史歲月,有的整整花了30年,經常有10萬人在烈日和皮鞭下工作。造塔所用的巨大的石塊,都是從遠處運來的,光是修建一條路,就用了十年時間。最大的一座金字塔,塔基每邊長230米,高146.5米,一共用了230萬塊巨石砌成,每塊石頭約重兩噸半,最大的一塊重達16噸之多。還有一座巨大的獅身人面雕像,是用一塊長約50米,高約20米的整塊巨石雕刻的,它已經立在金字塔旁邊4500多年,仍然基本保持了原來的面貌。它和金字塔一樣,是古代埃及人民勤勞、勇敢和智慧的象徵。

聽兩遍,判斷下面的句子和所聽的内容是否一致:
1) 金字塔是古代帝王存放屍體的地方。
2) 金字塔的樣子很像漢字的"金"字。
3) 修建金字塔用了30年時間。
4) 造塔的工作非常艱苦和殘酷。
5) 最大的一座金字塔高230米。
6) 最大的金字塔用了16噸巨大的石塊。
7) 金字塔用的每塊石頭大概重2500公斤。
8) 獅身人面雕像已經有4000多年歷史了。
9) 獅身人面雕像現在的樣子和原來不一樣了。
10) 金字塔象徵着古代埃及人民的勤勞、勇敢和智慧。

第十三課

一、 **語音練習**

1. 聽寫拼音：

   1) kuàilè 2) rèliè 3) yíhàn 4) zhuǎnhuàn 5) guǎnggào
   6) dùguò 7) xùjiù 8) pěngchǎng 9) xiǎngshòu 10) fāmíng
   11) Zhōumò dào le, ràng zìjǐ qīngsōng yíxià ba!
   12) Dǎkāi lùyīnjī, jiù kěyǐ tiàoqǐ wǔ lái
   13) Tiào wán yì qǔ, yì tiān de jǐnzhāng hé láolèi jiù quán méi le
   14) Lái, chángshì yíxià dāng míngxīng de gǎnjué ba!
   15) Zhèxiē jǐshí nián qián de jiù wǔqǔ duōme qīnqiè a!

2. 聽我問，請你標出答句的重音：

   1) 你一般怎麼過週末？（去打打高爾夫球。）
   2) 今晚你想幹什麼？（我想去跳舞。）
   3) 今天的舞會在哪兒舉行？（大概在三樓會議室吧。）
   4) 您喜歡什麼舞曲？（幾十年前的舊舞曲。）
   5) 我給你們介紹一下吧？（不用，我們早就認識了。）
   6) 你練唱歌幹什麼？（準備參加晚會呀！）
   7) 你喜歡看什麼電視節目？（當然是體育節目了。）
   8) 你看什麼呢？（看體育比賽呢。）
   9) 你愛唱卡拉OK嗎？（唱不好。）
   10) 參加舞會的都有什麼人？（老年人最多。）

3. 聽句子，請你把所給的詞語填在適當的位置，注意每組詞發

241

音的不同,然後朗讀:
1) 今天是個難忘的日子,我登上了長城。
2) 我打開日記本,記下了登上長城的經過。
　　　(a rìjì 　　b rìzi)
3) 現代社會講究高效率、快節奏,誰還有功夫坐茶館?
4) 老王夫妻二人都搞教育,你有什麼問題可以問他們。
　　　(a xiàolǜ 　b jiàoyù)
5) 修建長城用的磚石一塊有多重?
6) 考試用的卷子一共有多少張?
　　　(a juànzi 　b zhuānshí)
7) 小陳家幾代都學醫,就他一個人學工科。
8) 大家都出去玩兒了,就他一個人在家做功課。
　　　(a gōngkē 　b gōngkè)
9) 這次活動的組織者是體育學院學生會。
10) 這個節目的主持人是一位體育明星。
　　　(a zhǔchí 　b zǔzhī)

二、 語法練習

1. 聽句子,邊聽邊填空,然後朗讀:
   1) 最近考試太緊張了,今天該輕松一下兒了。
   2) 去高檔舞廳花錢太多,在單位的舞會跳跳就行了。
   3) 跳完一曲,大家坐下來聊天敘舊。
   4) 在這兒,不管你唱得怎麼樣,都能得到熱烈的掌聲。
   5) 老王是個快樂的人,什麼時候都高高興興的。
   6) 卡拉OK歌廳是年輕人享受夜生活的好去處。
   7) 音樂茶座的票不太貴。
   8) 老年人愛看戲曲節目。
   9) 除了電視新聞以外,我不看別的。
   10) 今天哪個頻道也沒有好節目。

2. 聽對話,選擇正確答案:
   1) A:你認識小王的愛人嗎?

B：見過一次,還是一年前在他們的婚禮上呢。
   從這句話我們知道
     a 他不認識小王的愛人
     b 他沒見過小王
     c 小王一年前結的婚
2) A：哎,你知道楊蘭嗎?
   B：她不是"跟我學"節目的主持人嗎?我們天天見面。
   他在哪兒見過楊蘭?
     a 從電視上
     b 在學校裏
     c 在單位裏
3) A：今天咱們吃是次要的,主要是老同學一起敘敘舊。
   B：對,來,乾杯!
   他們在哪兒談話?
     a 會議上
     b 課堂上
     c 飯桌上
4) A：怎麼搞的?哪個頻道也沒有好節目。
   B：別這麼換來換去的,關了算了。
   他們在幹什麼?
     a 買東西
     b 看電視
     c 聽廣播
5) A：這支曲子可有歷史了吧?
   B：可不是,聽見它就想起年輕時候。
   他們在談什麼?
     a 音樂
     b 歷史
     c 年紀
6) A：爺爺,聽聽這段怎麼樣?最新的!
   B：算了吧,這種音樂我聽了就頭疼。
   他們在談什麼?

243

a 生病
b 音樂
c 衣服

7) A：最近我每天去公園跳老年迪斯科,既娛樂,又健身,真不錯!
B：是啊,張大媽,怪不得您越活越年輕呢!
張大媽每天去公園幹什麼?
a 找年輕人
b 散步
c 跳舞

8) A：小王,大家都歡迎,你就來一個吧,別不好意思了。
B：我倒不是不好意思,是怕一張嘴,把你們嚇跑了。
大家讓小王幹什麼?
a 吃東西
b 買東西
c 唱歌

9) A：小明,你怎麼還不做功課? 快把它關上!
B：等一會兒,這一集馬上就完了。
小明在做什麼?
a 做功課
b 看電視
c 看小説

10) A：小王,你這水平,可以當歌星了。
B：有什麼水平呀,我衹是唱着玩兒,開開心罷了。
小王什麼有水平?
a 唱歌
b 玩兒
c 學習

三、綜合練習

對話(一)　　關於電視的談話

〔情景：快吃晚飯了，一家三口在談話〕

A：太太，飯做好了嗎？我餓死了。

B：你一進門就想吃飯，哪兒有那麼快？我也剛回來。你想早吃飯，就來幫幫我。上了一天班，我累壞了。

A：好好，我幫你。快點兒吃完飯好看電視，今晚有球賽，意大利隊對巴西隊。我等了好幾天了。

B：就知道球賽、球賽，看起電視來什麼都顧不上了。足球有什麼好看的？十幾個人追一個球，半天也踢不進去一個。今天還有我想看的電視劇呢。

A：你別說外行話了，你哪兒懂足球的樂趣！你看的那些沒完沒了的電視劇才沒勁呢，不管中國的還是外國的，現代的還是古代的，都能把你感動得流眼淚，有一集沒看着都遺憾得睡不着覺。

B：得了得了，你有你的樂趣，我有我的樂趣。反正今天我得看電視劇。

A：不行，我要先看足球！

C：爸爸、媽媽，我回來啦！快開電視，動畫片時間到了！

1. 聽第一遍，選擇正確答案：
    1) 他們家今晚誰做飯？
        a　妻子
        b　丈夫
        c　妻子和丈夫
    2) 丈夫想快點兒吃完飯是因爲
        a　要看足球賽
        b　太累了
        c　太餓了
    3) 太太晚上想幹什麼？
        a　看電視劇

   b 看動畫片
   c 看足球賽
 4）他家的電視今晚誰先看？
   a 丈夫
   b 妻子
   c 孩子

2．聽第二遍，判別正誤並改正錯處：
 1）丈夫剛剛下班。
 2）妻子已經回來半天了。
 3）今晚的足球是澳大利亞隊和巴西隊比賽。
 4）丈夫看了好幾天足球賽了。
 5）妻子對丈夫看球賽不滿意。
 6）丈夫看電視時常常忘了別的事。
 7）妻子不懂足球。
 8）妻子看電視時常常哭。
 9）妻子看了電視常常睡不着覺。
 10）丈夫和妻子看電視的興趣一樣。

3．聽句子，邊聽邊填空，然後朗讀：
 1）飯做好了嗎？我<u>餓死</u>了。
 2）上了一天班，我<u>累壞</u>了。
 3）別說<u>外行</u>話了，你哪兒懂足球的<u>樂趣</u>！
 4）不管什麽電視劇，都能把你感動得<u>流眼淚</u>。

4．再聽一遍，回答問題：
 1）這家每個人看電視的愛好是什麽？
 2）你認爲他家看電視的問題怎麽解決？

對話（二） 露天舞會

〔情景：小王遇見了張大媽〕

A：張大媽，打扮得這麼漂亮，上哪兒去啊？

B：跳舞去！

A：喲，張大媽，您也跳舞啊？

B：咦，小王，我怎麼不能跳舞呀？你是看我這把年紀跳不動了？

A：我可不是那意思，我是說，您不是身體不太好嗎？

B：自從我參加了老年迪斯科學習班，每天出來活動活動，以前的高血壓、腰腿疼病什麼的都好多了，精神也一天比一天好。

A：是嗎，怪不得您越活越年輕呢！哎，您去哪個舞廳跳舞啊？那兒都是老年人嗎？

B：我們的舞廳可好啦：地方寬敞，空氣新鮮，不要門票，出入自由。跳舞的男女老少都有，舞曲也挺豐富的。

A：哦，您說的是小公園裏的露天舞會吧？

B：你別看露天舞會條件簡單，可大夥兒一起快快樂樂，既娛樂，又健身，一點兒也不比高檔舞廳差。不少年輕人都喜歡去呢。

A：聽您這麼一說，我哪天也去看看。

1. 聽第一遍，選擇正確答案：
    1）張大媽身體怎麼樣？
        a 很好
        b 不好
        ⓒ 以前不好，現在好多了
    2）張大媽去什麼地方跳舞？
        a 高檔舞廳
        ⓑ 小公園
        c 會議室
    3）參加舞會的都有什麼人？
        a 年輕人
        b 老年人
        ⓒ 各種年齡的人

2. 聽第二遍，判別正誤並改正錯處：
    1）張大媽爲了參加舞會打扮得很漂亮。✓

2) 小王覺得張大媽不應該跳舞。
3) 張大媽學會了老年迪斯科舞。
4) 以前張大媽有腰腿疼的老毛病。
5) 張大媽參加舞會要花錢買票。
6) 年輕人都喜歡去露天舞會。
7) 小王對舞會沒興趣。

3. 跟讀下列句子：
   1) 打扮得這麼漂亮,上哪兒去啊?
   2) 我怎麼不能跳舞呀?
   3) 我可不是那意思,我是說,您不是身體不好嗎?
   4) 怪不得您越活越年輕呢!

4. 再聽一遍,回答問題：
   1) 張大媽現在和以前有什麼不同?
   2) 露天舞會有什麼好處?

對話(三)　　週末怎麼過

〔情景：小王和公司同事老張在談話〕

A：小王,這星期夠累的,好好輕鬆一下吧。週末準備怎麼過呀?
B：還沒想好呢。跳舞、去歌廳都是老一套,沒勁。看電影吧,有意思的片子太少,真不知道幹什麼才好。
A：聽說你下棋、打撲克都很有水平?
B：不是我吹牛,說起這個,咱們公司裏誰也不是對手。也正因爲這樣沒人敢跟我較量。他們倒是拉我打麻將,可那既費時間又費腦子,再說,也費錢啊!
A：你一人掙錢一人花,應該沒問題吧? 是不是攢錢結婚呀?
B：你說到哪兒去了? 女朋友還沒影子呢。我是攢錢準備去旅行的。哎,老張,你怎麼過週末啊?
A：我真想去打打網球,或者找個茶座、咖啡屋什麼的消遣消遣,跟老朋友敘敘舊。去外地玩兒玩兒我也想了很久了。
B：對你來說，這些有什麼難的？你要錢有錢，要車有車，什麼高檔的地方不能去？我跟你可比不了。
A：你哪兒知道哇？到了週末，不是陪太太逛商場，就是輔導孩子做功課，沒有一點兒空兒。我還真羨慕你呢！單身一人，自由自在，想幹什麼就幹什麼，這種生活我是再也享受不着了。
B：看來咱們倆的週末都不好過。唉，說了半天，還是呆在家裏看看電視算了。

1. 聽第一遍，選擇正確答案：
　　1) 在下列娛樂項目中小王什麼最有水平？
　　　　a　跳舞
　　　ⓑ　下棋
　　　　c　打麻將
　　2) 老張一般怎麼過週末？
　　　　a　去咖啡屋消遣
　　　　b　和朋友們敘舊
　　　ⓒ　和太太孩子一起度過
　　3) 小王決定了怎麼過週末嗎？
　　　　a　沒想好
　　　　b　決定了
　　　　c　不清楚
　　4) 小王和老張誰覺得自己的週末過得好？
　　　　a　小王
　　　　b　老張
　　　ⓒ　都不好

2. 聽第二遍，判別正誤並改正錯處：
　　1) 小王認爲去舞廳、去電影院都沒有意思。
　　2) 小王打撲克打得很好。
　　3) 小王喜歡打麻將，但沒有時間。
　　4) 小王快結婚了。

249

5) 小王想去旅行，但錢不夠。
6) 老張很喜歡旅行。
7) 這個週末老張要去打網球。
8) 小王的經濟條件比老張好。
9) 老張常陪孩子逛商店。
10) 老張和小王互相羨慕。

3. 根據課文內容選擇下列句子的正確解釋：
1) "一人掙錢一人花"的意思是
   a 自己掙錢自己花
   b 一個人掙錢另一個人花
   c 他掙錢女朋友花
2) "說起下棋，誰也不是小王的對手"意思是
   a 誰都不跟小王下棋
   b 誰下棋都沒有小王水平高
   c 小王不敢和別人下棋
3) "對你來說，這些有什麼難的"意思是
   a 這些都不難
   b 這些都很難
   c 這些裏面什麼難
4) "女朋友還沒影子呢"意思是
   a 找不到女朋友
   b 看不見女朋友
   c 沒有女朋友

4. 再聽一遍，回答問題：
1) 這段對話中提到了哪些娛樂活動？小王和老張各喜歡什麼？
2) 小王最後決定怎麼過週末？爲什麼？

四、 泛聽練習
下面是中國中央電視 1 臺 1996 年 11 月 27 號的電視節目預告，

看你能不能跳躍障礙詞語,理解大概內容:

中國中央電視臺節目預告

　　觀衆朋友,下面向您介紹一下本臺今天晚上將要播出的電視節目:首先在 19:00 請您收看"新聞聯播",在新聞聯播節目之後,19:38 是"焦點訪談",19:55 請您收看"九州神韵","九州神韵"請您收看"世紀回眸:航天抒情"。然後是電視連續劇《長征歲月》。"'96 環球"將帶您飛躍太空,重新認識地球,並給您介紹神奇的電影魔術。在 22:00 請您收看晚間的新聞報導節目,然後是電視連續劇《榮辱商界》:公司股價一直下跌,如何扭轉敗局呢?各個股東費盡了心機。在 23:35 請您繼續收看電視連續劇《山高路遠》。好,節目就給您介紹到這兒,希望能伴您度過一個愉快的夜晚,下面請您收看今天的新聞聯播。

1. 聽兩遍後填寫下表:

時間	節目內容
19:00	新聞聯播
19:38	焦點訪談
19:55	九州神韵－世紀回眸:航天抒情
20:05	10 集連續劇《長征歲月》
21:10	'96 環球
22:00	晚間新聞
22:42	20 集連續劇《榮辱商界》
23:35	8 集連續劇《山高路遠》

2. 再聽一遍,簡單回答:
1) "'96 環球"節目的內容有什麼?
2) 節目預告中介紹了電視劇《榮辱商界》的內容了嗎?
3) 這個節目預告是在幾點播出的?

第十四課

一、 語音練習

1. 聽寫拼音：

   1) hǎiwà–yóuzǐ 2) Měijí huárén 3) yuǎnyóu tāxiāng
   4) cānjiā huìyì 5) diànshì bàodào 6) fēngguāng xiùlì
   7) hěn yǒu xìngqu 8) shōukàn jiémù 9) wèixīng tiānxiàn
   10) huáiniàn gùxiāng
   11) Zài máng zài lèi yě yào huí jiāxiāng kànkan .
   12) Gùxiāng yǒngyuǎn shì zuì kě qīn kě ài de .
   13) Bīngmǎyǒng bèi chēngwéi shìjiè dì bā qíjì .
   14) Wǒ de shíjiān tài shǎo , zhǐhǎo děng yǐhòu zài shuō le .
   15) Shuō shíhuà , wǒ zhēn xiǎng yóubiàn quánguó gèdì .

2. 聽我問，請你標出答句的重音：

   1) 您想去哪兒？（去外地走走。）
   2) 您離開故鄉多少年了？（四十多年了。）
   3) 吃完飯再走吧？（謝謝，沒時間了。）
   4) 這次回來，您打算幹什麼？（回故鄉看看。）
   5) 你回過老家嗎？（祇從照片上見過。）
   6) 你為什麼想去內蒙古呢？（想嚐嚐騎馬的滋味。）
   7) 您是哪兒人？（我是山東人。）
   8) 您老家在哪兒？（老家在福建。）
   9) 您家在山東青島嗎？（不，在山東一個小地方。）
   10) 您對家鄉的感覺怎麼樣？（變化太大了。）

3. 聽句子,請你把所給的詞語填在適當的位置,注意每組詞發音的不同,然後朗讀:
   1) 杭州西湖的景色美得像天堂一樣。
   2) 北京的天壇公園裏有很多名勝古蹟。
   　　(a tiāntán　　　b tiāntáng)
   3) 有人把兵馬俑稱爲世界第八奇蹟。
   4) 小王的妻子是個高個子。
   　　(a qíjì　　　b qīzi)
   5) 他去澳大利亞打工,挣錢買了這輛車。
   6) 人不能祇顧賺錢,忘了故鄉和親人。
   　　(a zhuànqián　　b zhèngqián)
   7) 在國外這些年,他總是懷念自己的故鄉。
   8) 明天要開聯歡會,大家都忙着排練節目。
   　　(a páiliàn　　　b huáiniàn)
   9) 江南風光秀麗,景色美極了。
   10) 這輛車老出問題,該修理了。
   　　(a xiùlì　　　b xiūlǐ)

二、語法練習

1. 聽句子,邊聽邊填空,然後朗讀:
   1) 離開故鄉幾十年了,天天都盼望回來。
   2) 兒子在國外讀博士,畢業後準備回來。
   3) 我陪您去外地走走,您有興趣嗎?
   4) 聽了女兒的話,爸爸連連搖頭。
   5) 這真是個好主意,就這麼辦吧。
   6) 西湖的風景非常秀麗,是遊覽的好地方。
   7) 故鄉的山水和田野,都讓人感到親切。
   8) 這是我從電視裏偶然看到的。
   9) 自從有了衛星天綫,收看電視方便多了。
   10) 這孩子的理想是將來當個科學家。

2. 聽對話,選擇正確答案:

253

1) A:在西安玩兒了以後,還可以去哪兒?
   B:從西安西行,可以到蘭州、敦煌。
   "西行"的意思是
   ⓐ 從西邊走
   b 往西邊走
   c 在西邊走

2) A:(女) 小王,真沒看出來,你還有這麼兩下子!
   B:(男) 唱得不好,大家捧場吧!
   女的意思是,她
   a 沒看見小王唱歌
   ⓑ 沒想到小王會唱歌
   c 覺得小王唱得不好

3) A:老王,你這輛車該修修了。
   B:哪怕不吃不喝,我也得換輛新的。
   老王的意思是,他
   a 不想吃飯
   b 想修車
   ⓒ 想買車

4) A:聽說你的老家在山區,那兒條件不太好吧?
   B:故鄉再窮,我也覺得它是天下最好的地方。
   從對話可以知道,他的家鄉
   a 經濟條件不好
   b 經濟條件很好
   c 是天下最好的地方

5) A:(女) 我真怕經理又批評我。
   B:(男) 怕什麼! 誰都免不了做錯事。
   從對話可以知道
   ⓐ 女的做錯了事
   b 男的很怕經理
   c 男的常做錯事

6) A:王先生,孫子上大學,你花了不少錢吧?
   B:我家裏又沒有金山銀山。

254

王先生的意思是
- (a) 他没有很多錢
- b 他花了很多錢
- c 他家不住在山上

7) A:李小姐,你再嚐嚐點心吧!
   B:說實話,我真想吃,可肚子太小啦。
   從對話可以知道,李小姐
   - a 她不想吃點心
   - b 她肚子不舒服
   - (c) 她想吃,可吃不下了

8) A:這件事就咱倆知道,千萬別說出去。
   B:放心吧,小王。
   小王的意思是
   - a 你千萬不要出去
   - (b) 這事不要讓別人知道
   - c 一定讓別人說這件事

9) A:(男)我在内蒙吃過羊肉,可沒嚐過騎馬的滋味兒。
   B:(女)去内蒙怎麼能不去草原呢!
   從對話可以知道,男的
   - a 去過草原
   - b 沒吃過羊肉
   - (c) 沒騎過馬

10) A:給你們介紹了這麼多地方,到底想去哪兒啊?
    B:導遊小姐,聽了你的話,我們更沒主意了。
    從對話可以知道,他們
    - a 已經決定去什麼地方了
    - (b) 不知道應該去什麼地方了
    - c 不想去什麼地方了

255

三、綜合練習

對話(一)　　在火車上

〔情景:黃小玉、王士文和朋友們在火車上〕

A：老先生,我幫您把箱子放到行李架上去吧!

B：謝謝你,年輕人,我這箱子很重,還是放在座位下面吧。

A：來,我幫您放。老先生,您也去西安嗎?

B：不,我到鄭州就下去。你們是從港澳地區來的吧?去西安旅遊?

A：是啊,您怎麼知道的?

B：從口音聽出來的。看樣子,這個車廂裏去西安玩兒的人不少呢,我常坐車,一眼就能看出來。旅途這麼長,你們不太習慣吧?

A：是有點兒累,可是坐火車可以欣賞沿途的風景,還可以瞭解內地的風土人情,一路上說說笑笑,時間不知不覺就過去了。

B：你們常坐火車旅行嗎?都去過什麼地方啊?

C：學習太緊張,還沒來得及去呢。正好,老先生,您常出門,一定知道什麼地方最值得去,給我們介紹介紹吧!

B：好。西安是著名的古都,那兒的名勝古蹟到處都是,其中兵馬俑最有名。另外,西安還是重要的交通樞紐,那裏四通八達,往東可以到南京、上海,往西可以去著名的絲綢之路和敦煌石窟,往南可以到成都、桂林、昆明,或者從成都去重慶,然後坐船遊覽長江三峽。

C：對了,老先生,我常聽人說"長城內外,大江南北","大江"是說哪條江呢?

A：就是長江。長江、黃河、長城都常被稱為中華民族的象徵。這兩句話的意思是指中國從南到北廣闊的土地。對了,你們港澳同胞一定想體驗一下北國冰天雪地的樂趣,去哈爾濱看看吧,那裏的冰雕一定給你新奇的感覺。

B：老先生,您的建議太好了,這些地方有機會我們一定去。

1. 聽第一遍，選擇正確答案：
    1) 這位老先生去什麼地方？
        a 西安
        ⓑ 鄭州
        c 港澳地區
    2) 老先生怎麼知道王士文他們是哪兒人？
        a 從樣子看出來的
        ⓑ 從口音聽出來的
        c 隨便猜出來的
    3) 老先生介紹時提到下面的哪些地方？
        a 上海、南京、杭州
        b 鄭州、哈爾濱、昆明
        c 桂林、成都、重慶
    4) "大江南北，長城內外"是指
        a 長江的南邊和北邊
        b 長城的裏邊和外邊
        ⓒ 中國從南到北的廣大地區

2. 聽第二遍，判別正誤並改正錯處：
    1) 王士文幫老先生把箱子放到了行李架上。✓
    2) 王士文他們普通話說得很好。✓
    3) 老先生長途旅行不太習慣。✗
    4) 坐火車很舒服，所以王士文他們很喜歡。✗
    5) 他們去過不少地方。
    6) 從西安出發可以去東南西北很多地方。
    7) 從西安往南可以到絲綢之路。
    8) 人們常把長江黃河作爲中國的象徵。✓
    9) 港澳同胞都嘗過冰天雪地的滋味。✗
    10) 想看冰雕最好去哈爾濱。✓

3. 聽句子填空，然後朗讀：
    1) 從口音可以聽出來你是南方人。

2) 坐火車旅行可以欣賞沿途風景,還可以瞭解風土人情。
3) 西安是重要的交通樞紐。
4) 有機會應該去哈爾濱體驗一下冰天雪地的樂趣。

4. 跟讀下列句子:
1) 我常出門,一眼就能看出來。
2) 學習太緊張,還沒來得及去呢。
3) 什麼地方最值得去,您給我們介紹介紹吧!
4) 老先生,您的建議太好了,有機會我們一定去。

5. 再聽一遍,回答問題:
1) 老先生給王士文他們介紹了哪些地方?請你説説看。
2) 你去過內地什麼地方?能介紹一下嗎?

對話(二)　　春城昆明

〔情景:兩位港澳朋友在談話〕

A:(女)你去過內地很多地方,覺得什麼地方最有意思?
B:(男)這怎麼説呢?每個地方都有特點,有的風景優美,有的物產豐富。不過要是從氣候來説,我最喜歡昆明。
A:昆明?是在雲南省嗎?
B:對。那裏一年四季氣候宜人,夏天最熱的時候也不過二十多度,冬季的平均氣溫是九度,年平均氣溫十五度。
A:真是冬天不冷,夏天不熱呀。
B:對,正因為昆明四季如春,所以有"春城"的美稱。
A:除了氣候以外,昆明還有什麼特點?
B:因為雲南是全國少數民族最多的一個省,所以昆明附近的很多遊覽區反映了少數民族的風土人情。另外,昆明還是有名的花都,一年四季開滿了鮮花。這些都吸引了不少中外遊客。
A:聽你這麼一説,昆明真是個值得一去的地方,我一定要去看看。
B:你什麼時候去都可以,昆明是一個四季可遊可居的城市。

1. 聽第一遍,選擇正確答案:
   1) 男的喜歡昆明是因爲那裏
      a 風景優美
      b 物產豐富
      c 氣候宜人
   2) 昆明冬季的平均氣溫是
      a 二十多度
      b 九度
      c 十五度
   3) 昆明被稱爲花都是因爲
      a 一年四季氣候好
      b 一年四季都有鮮花
      c 有很多少數民族

2. 聽第二遍,判別正誤並改正錯處;
   1) 昆明在中國的雲南省。
   2) 昆明夏天最熱時不到二十度。
   3) 昆明一年四季都像春天一樣。
   4) 昆明又叫春城。
   5) 除了氣候以外,昆明沒有什麼特點。
   6) 昆明有很多少數民族。
   7) 不少中國人去昆明遊覽。
   8) 哪個季節去昆明都很合適。

3. 聽句子填空,然後朗讀:
   1) 昆明氣候<u>宜人</u>,四季如春。
   2) 這裏一年四季<u>開滿</u>了鮮花,是有名的<u>花都</u>。
   3) 很多地方反映了<u>少數民族</u>的風土人情,<u>吸引</u>了不少中外遊客。

4. 再聽一遍,回答問題;

1) 請你說說昆明有什麼特點。
2) "四季可遊可居"是什麼意思？

四、泛聽練習

聽下面的短文，看你能不能跳躍障礙詞語，理解全文：

（一） 機場、車站、旅客列車上的廣播通知

1. 旅客們請注意，飛往美國舊金山的 CA985 號班機就要起飛了，還沒有<u>登機</u>的旅客，請抓緊時間趕快登機。
2. 迎接親友的朋友請注意，從法蘭克福來的 CA936 航班因天氣原因大約晚點 4 小時。
3. 旅客們請注意，開往上海的 21 次特快就要開始<u>檢票</u>了，請大家在 1 號檢票口排隊等候。
4. 旅客們請注意，開往廣州方向的 29 次特快停在 5 號站臺。
5. 旅客們，列車的前方到達站是泰安站，有在泰安下車的旅客請提前作好準備，列車在泰安站停車 6 分鐘。
6. 旅客們，本次列車的終點站深圳就要到了，請您帶好自己的行李準備下車，謝謝您乘坐我們的列車，歡迎您提出寶貴意見，再見！

聽兩遍後判別正誤：
1) CA985 航班就要到了。
2) CA985 航班是去法蘭克福的。
3) CA936 航班因天氣不好大約晚到 4 小時。
4) 上海來的 21 次特快就要到了。
5) 去廣州在 5 號站臺上車。
6) 火車在泰安停 6 分鐘。
7) 這趟列車經過深圳。

（二）　　世界各地的唐人街

　　在世界各地的不少城市都有唐人街,從"唐人街"這個名字就可以知道它跟中國歷史的聯係。唐人街的房屋幾乎都是中國式的,紅檜綠瓦,門口貼着寫有"出入平安"、"萬事如意"的紅紙條,有的門前甚至還蹲坐着兩隻石獅子,有的唐人街就像中國內地的古老城鎮。在唐人街,人們可以隨意買到來自中國內地和香港的物品,從服裝、書籍字畫、工藝品到烟酒、食品、新鮮蔬菜,就連超級市場不易買到的鮮薑、大葱、燈籠辣椒和中國豆腐、皮蛋等等也一應俱全。

　　在許多國家,如果你想吃上一頓美味可口的飯菜,最好到唐人街來。這裏有京、滬、川、粵各式風味的餐館。據說美國一家雜誌曾以"哪個國家的菜最好吃"爲題進行了一次民意測驗,結果90%的投票者回答"中國菜最好吃",事實也正是如此。這不僅由於中國菜價格低廉,服務周到,更重要的是中國菜製作講究,風味獨特。

　　唐人街上的居民雖然也穿西裝,但穿中式服裝的也爲數不少;他們大多數講廣東話、閩南話;近年來,唐人街上的語言又增加了普通話和其他方言。每逢節日,多數家庭都要用傳統的方式慶祝,那也是他們合家團聚,懷念鄉土的日子。華人家庭受西方影響,子女婚後便和父母分開,自成小家庭,但華人的後代畢竟深受東方文明熏陶,常在節假日和父母團聚,這往往讓西方的老人羨慕不已。老一輩的華人盡管離鄉日久,但許多人仍珍藏着當年離家時帶在身邊的一包家鄉土。他們給兒孫起典雅的中國名字,要求兒孫在家裏講華語,用筷子,上學校學習中文。他們從來也不曾忘記民族悠久的文化傳統,並希望兒孫能一代代繼承下去。

1. 聽兩遍後指出下面哪些是本文談到的內容:
   1) 唐人街的歷史
   2) 唐人街的房屋樣式
   3) 唐人街的商店
   4) 唐人街的書籍和雜誌
   5) 唐人街的飯館

6）唐人街上賣的服裝
　　7）唐人街上的語言
　　8）唐人街上的華人家庭
　　9）唐人街的西方老人
　10）唐人街上的後代

2. 再聽一遍後簡單回答：
　　1）唐人街的房屋有什麼特點？
　　2）在唐人街可以買到什麼中國產品？
　　3）唐人街上有哪些風味的餐館？那裏的菜怎麼樣？
　　4）唐人街的華人子女和父母的關係怎麼樣？
　　5）老一代華人是怎樣不忘家鄉的？

第 十 五 課

一、語音練習

1. 聽寫拼音：
    1) zàntàn 2) fǎngzhào 3) fúwù   4) jīngtàn   5) shǐyòng
    6) tígōng 7) gōngyìng 8) qiāo mén 9) guān jǐng 10) zhuānyòng
    11) Zhè yǒu shén me nán de !
    12) Dōu xiàwǔ sì diǎn le , qù bù liǎo le .
    13) Qiúqiu nǐ , bāngbangmáng ba !
    14) Zhèlǐ jiǎnzhí gēn huánggōng yíyàng ma !
    15) Zhǐyào nǐ mǎideqǐ , zhèlǐ shénme gāojí dōngxī dōu yǒu .

2. 聽我問,請你標出答句的重音：
    1) 現在可以訂房間嗎？（對不起,已經客滿了。）
    2) 你喜歡中式的還是西式的？（什麼樣的都可以。）
    3) 你們這兒有沒有西餐？（西餐廳在樓上。）
    4) 您訂什麼樣的房間？（一個標準客房。）
    5) 您要標準客房嗎？（不,我訂一個豪華套間。）
    6) 什麼房間這麼貴呀？（這是總統套房。）
    7) 先生,您有什麼事？（我想交一下兒房錢。）
    8) 請問,王先生是住這兒嗎？（不,你找錯了。）
    9) 請問,你們還有空房間嗎？（正好,還有一個。）
    10) 您找誰？（對不起,我敲錯門了。）

3. 聽問題,請你用所給的詞回答,注意語句的重音：
    1) 錄音機的聲音這麼小,你能聽清楚嗎？（聽得清楚）

2）胡老師講課講得怎麼樣？（講得很清楚。）
3）烽火臺那麼高,你能爬上去嗎？（爬得上去）
4）爬了半天,你累了吧？（爬不上去）
5）衣服弄得這麼髒,能洗乾淨嗎？（洗得乾淨）
6）房間打掃乾淨了嗎？（乾淨極了）
7）這句話這麼難,他念得好嗎？（念得好）
8）老師說你念得怎麼樣？（念得好極了）
9）這麼多啤酒,你一個人喝得了嗎？（喝得了）
10）再吃一個包子吧？（吃不了）

二、 語法練習
1. 聽句子,邊聽邊填空,然後朗讀：
　　1）我想給香港的公司總裁發一份傳真。
　　2）胡老師說一口標準的普通話。
　　3）這家飯店的服務包你們滿意。
　　4）最近幾年,城裏的豪華商場越來越多了。
　　5）起床後,我先拉開窗簾,打開窗戶。
　　6）故宮就是過去的皇宮。
　　7）這個房間的家具都是做照明代的式樣設計的。
　　8）皇帝穿用的東西都綉着龍鳳圖案。
　　9）樓頂的平臺是觀景的好去處。
　　10）樓下的餐飲部供應各種點心和小吃。

2. 聽對話,選擇正確答案：
　　1）A：你們飯店交通方便嗎？
　　　 B：在我們這兒吃、住、行都很方便。
　　　　　他們飯店什麼很方便？
　　　　　a　交通和住宿
　　　　　b　吃飯和住宿
　　　　　ⓒ　吃飯、住宿和交通
　　2）A：小姐,你們餐廳晚上 10 點關門吧？
　　　 B：我們這兒提供 24 小時服務。

餐廳幾點關門？
- (a) 不關門
- b 24點
- c 10點

3) A：先生，您訂個豪華套間嗎？
   B：別開玩笑了，我哪兒住得起？
   他的意思是
   - a 我不想開玩笑
   - (b) 豪華套間太貴了
   - c 我應該住在哪兒

4) A：聽說好幾個國家的總統在這個房間住過。
   B：是嗎，那我也當一天總統吧！
   從對話可以知道
   - a 他想當總統
   - b 房間裏有好幾位總統
   - (c) 他住在總統住過的房間裏。

5) A：看這些花，簡直像真的一樣！
   B：這是名畫家的作品呢。
   他們在說什麼？
   - a 鮮花兒
   - (b) 畫兒
   - c 畫家

6) A：這麼冷，那些人站在外邊幹什麼？
   B：來開會的人太多，屋裏坐不下了。
   大家站在外邊是因為
   - (a) 屋子裏沒有地方了
   - b 屋子裏太冷了
   - c 屋子裏正在開會

7) A：你病還沒好，上得了班嗎？應該再去醫院看看。
   B：明天有個重要會議，得去準備準備。
   他今天要幹什麼去？
   - a 去醫院

　　　　b　去參加會議
　　　　ⓒ　去上班
8) A：咦,剛才還看過時間呢,怎麼一會兒就不見了?
　　B：戴在手上的東西,怎麼能丟呢,再找找。
　　　　他們在說什麼?
　　　　a　手套
　　　　ⓑ　手錶
　　　　c　戒指
9) A：小王,聽說這個商場賣的皮鞋都是從意大利進口的?
　　B：不光是皮鞋,祇要你買得起,什麼高級東西都有。
　　　　小王的意思是
　　　　a　這個商場的皮鞋很貴
　　　　b　這個商場的東西都很貴
　　　　c　這個商場裏除了皮鞋,別的都很貴。
10) A：你住的那個旅館條件怎麼樣?
　　B：雖然没什麼現代化設備,但既乾淨,又舒服,服務也很周到。
　　　　從對話可以知道,說話的人
　　　　a　對旅館比較滿意
　　　　b　認為旅館條件不好
　　　　c　認為應該有好的設備

三、　綜合練習

對話(一)　　飯店裏發生的事

〔情景:在一家飯店〕

A：服務臺嗎?小姐,你們這兒可以把飯送到房間裏嗎?

B：當然。我們飯店提供24小時送餐服務。您的桌上就有菜單。中餐、西餐、小吃都有。您想要什麼?

A：我剛下飛機,想先洗個澡,然後來點兒熱的,要一個中式套餐吧。

B：20分鐘後給您送到，可以嗎？

A：好，謝謝！

（敲門聲）

A：誰呀？怎麽回事？真倒霉，剛睡着就讓你吵醒了，你没看見"請勿打擾"的牌子嗎？

B：對不起，先生。可是是您打電話要訂餐的啊！您這兒不是818房間嗎？

A：啊？哦，是我訂的，對不起，我忘了。我太累了，躺下就睡着了。放在這兒吧。

1. 聽第一遍，選擇正確答案：
    1) 這位先生給誰打電話？
        a 飯店服務臺
        b 飯館兒
        c 朋友
    2) 他訂了什麽飯？
        a 西餐
        b 中餐
        c 熱茶
    3) 爲什麽他説"真倒霉"？
        a 因爲没有飯吃
        b 因爲被吵醒了
        c 因爲有人打電話

2. 聽第二遍，判别正誤並改正錯處：
    1) 這位先生下了飛機就來飯店了。
    2) 他想吃點兒熱的然後洗個澡。
    3) 服務員馬上給他送來了飯。
    4) 這位先生住在318房間。
    5) 服務員把飯送錯了房間。
    6) 他的房間門上掛着"請勿打擾"的牌子。
    7) 服務員送來了飯，可是他不想吃了。

8) 飯送來時這位先生睡着了。

3. 跟讀下列句子：
   1) 我想來點兒熱的,要一個中式套餐吧。
   2) 真倒霉,剛睡着就讓你吵醒了。
   3) 你沒看見"請勿打擾"的牌子嗎？
   4) 您這兒不是818房間嗎？

4. 再聽一遍,說說這位先生到飯店後的情況。

對話(二)　　飯店裏發生的事

〔情景：在一家飯店〕
A：小姐,誰是你們領導？我要跟你們經理談談。
B：先生,什麼事？我能幫助您嗎？
A：我的公文包怎麼也找不着了。你們這個飯店是怎麼回事？
B：您放在哪兒了？如果放在房間裏是丢不了的。
A：已經丢了,你怎麼還說丢不了？房間裏我都找遍了,哪兒也沒有。真不像話！
B：您的包裏有什麼重要東西嗎？
A：沒有重要東西我這麼着急幹嘛？我的錢、證件,還有訂貨單都在裏面呢！
B：您再好好想想,您今天都去過什麼地方,或者有什麼人來找過您？
A：除了服務員,誰也沒來過。我今天祇去酒吧喝了點兒啤酒,别處哪兒也沒去。等等,我想起來了……
C：先生,這個皮包是您的嗎？我們在酒吧裏發現的。
A：什麼？哎呀,謝謝你們！真對不起,我不該錯怪你們,丢了東西,我急糊塗了。
B：沒什麼,對我們飯店的服務有什麼不滿意的地方,請您多提意見。

1. 聽第一遍,選擇正確答案:
    1) 今天這位先生
        a 一直在房間裏
        b 去了很多地方
        c 去了酒吧
    2) 他的公文包是
        a 自己找到的
        b 服務員送來的
        c 朋友發現的
    3) 他的公文包
        a 忘在酒吧裏了
        b 服務員拿走了
        c 放在房間裏了

2. 聽第二遍,判別正誤並改正錯處:
    1) 這位先生的皮包放在房間裏找不着了。
    2) 他對這個飯店很生氣。
    3) 小姐認爲皮包不可能放在房間裏。
    4) 包裏的東西很重要,所以這位先生非常着急。
    5) 今天服務員沒去過他的房間。
    6) 這位先生喝多了酒,糊塗了。
    7) 這位先生錯怪了服務員,覺得不好意思。

3. 跟讀下列句子:
    1) 誰是你們領導? 我要跟他談談。
    2) 你們這個飯店是怎麽回事?
    3) 已經丟了,你怎麽還説丟不了?
    4) 沒有重要東西我這麽着急幹嘛?
    5) 真對不起! 丟了東西,我急糊塗了。
    6) 等等,我想起來了。

4. 再聽一遍,回答問題:

1) 這位先生開始爲什麼很生氣？
2) 你覺得這家飯店的服務怎麼樣？爲什麼？

對話(三)　　你瞭解故宮嗎

〔情景：羅偉才和黃小玉談話〕

A：偉才，昨天參觀故宮，怎麼進門不一會兒就不見你了？
B：我祇顧看那些金碧輝煌的宮殿和奇異的珍寶，轉來轉去，一會兒就找不着你們了。故宮簡直太大了。
A：是啊。噯，可你知道故宮到底有多大嗎？
B：那怎麼不知道，故宮又叫紫禁城，是明清兩代的皇宮，歷史上先後有二十四位皇帝在裏面居住過。它是中國現存最大、最完整的古建築群，它的佔地總面積是七十二萬四千多平方米，大大小小的宮殿有七十多個，……
A：嘀，你知道得這麼清楚，門口牌子上的說明都讓你背下來了。
B：什麼呀，爲了這次參觀，我早就查過書了。對了，小玉，你知道故宮一共有多少間屋子嗎？
A：故宮那麼大，總得有好幾千吧？
B：聽說一共有九千九百九十九間半。昨天我問一位工作人員這個數字對不對，你猜他怎麼回答？他讓我自己去數數。
A：那怎麼數得清呢？那麼多宮殿和房屋，恐怕幾天也參觀不完呢。
B：當然他祇是開玩笑罷了。準確的數字到底是多少，恐怕很少有人能答上來吧。不過，書上說故宮有九千多間房屋，這是沒錯的。這個龐大的建築群，以南面的午門、中間的三大殿、北面的神武門這條綫爲中軸，東西兩邊對稱排列着一組組宮殿，這個中軸又在整個北京城的中軸綫上。可以說，故宮的佈局充分體現出中國傳統的講究對稱、四平八穩的建築風格。
A：我對建築風格可沒你這麼有研究。我感興趣的是那些歷史文物和藝術珍品，聽說故宮收藏的文物有九十多萬件呢！
B：對，故宮是中國最大的藝術博物館和文物寶庫，它和長城一樣，被聯合國教科文組織列爲"世界文化遺產"。

A：有人還把故宮和法國的凡爾賽宮,英國的白金漢宮,美國的白宮和俄羅斯的克里姆林宮並稱爲世界五大宮呢!
B：看來,這趟參觀咱們都沒白去。

1. 聽第一遍,選擇正確答案：
    1) 歷史上曾有多少皇帝在故宮裏住過?
        a 24 位
        b 72 位
        c 70 多位
    2) 故宮的總面積有多大?
        a 74 萬平方米
        b 24 萬平方米
        c 72 萬多平方米
    3) 書上説故宮一共有多少間屋子?
        a 70 多間
        b 9000 多間
        c 9999.5 間
    4) 故宮收藏的文物有
        a 9000 多件
        b 90 多萬件
        c 90000 多件

2. 聽第二遍,判別正誤並改正錯處：
    1) 羅偉才和黄小玉都去故宮參觀了。
    2) 故宮在紫禁城裏面。
    3) 因爲看了門口牌子的説明,所以羅偉才很瞭解故宮。
    4) 羅偉才數了故宮有多少間屋子。
    5) 黄小玉對故宮的建築風格很有興趣。
    6) 故宮也被列爲"世界文化遺産"。
    7) 故宮的南門叫午門。
    8) 神武門是故宮的北門。
    9) 故宮是世界五大宮之一。

10) 羅偉才和黃小玉他們參觀故宮很有收獲。

3. 聽下列句子，邊聽邊填空，然後朗讀：
1) 故宮又叫紫禁城，是明清兩代的皇宮。
2) 故宮是中國現存最大、最完整的古建築群，也是最大的藝術博物館和文物寶庫。
3) 準確的數字到底是多少，恐怕很少有人能答上來吧。
4) 故宮的佈局充分體現出中國傳統的講究對稱、四平八穩的建築風格。

4. 聽第三遍，看下圖説説故宮的建築佈局有什麼特點？

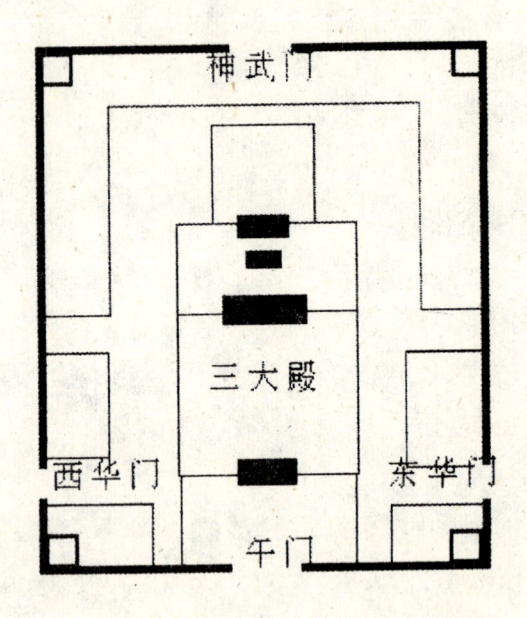

（故宮平面圖：神武門、西華門、東華門、午門、三大殿）

四、泛聽練習

聽下面的短文，看你能不能跳躍障礙詞語，理解全文：

千奇百怪的旅館

如果你是個喜愛旅行的人，而你又有錢、有時間的話，走遍全世界一定是你的願望。世界各地風光名勝不同,風土人情、風俗習慣也各異,就説有些國家的旅館、飯店吧,真是千奇百怪,無所不有,十分有趣。

日本東京有一家豪華旅館,樓高35層,有1500個房間,但它却不需要一名服務員。原來,客人辦理開房、退房等一切手續都是通過電腦和閉路電視來完成的,因此它被稱爲"無人旅館"。

在美國和法國,都有按體重收費的旅館或餐館,這種地方通常在門口設有計重量的磅秤,根據客人的體重收取房租或飯費。在美國一家旅館,如果客人夫婦二人體重合起來不到200磅,則免費提供住宿。雖然這種辦法並不公道,但因爲許多人喜歡新奇的事物,所以他們的生意非常興旺。

另外,在瑞士等國,有爲適應遊客爬山涉水、享受大自然的帳篷旅館;在危地馬拉有治療失眠症的催眠旅館;在墨西哥有專爲胖子而設的減肥旅館;在非洲的肯尼亞還有建在野生動物園裏大樹頂上的旅館。

這些旅館真的這樣有趣嗎?要得到回答,祇有你親自去看看了。

1. 聽兩遍後找出與本文意思相近的句子:
    1) 喜歡旅行的人都想走遍世界。
    2) 世界各地的風俗習慣一樣。
    3) 有些國家的旅店很奇怪。
    4) 日本東京的旅館沒有服務員。
    5) 在法國,住旅館跟胖瘦有關係。
    6) 在美國一家旅館,客人太胖就不用付錢了。
    7) 按體重收費的飯店去的人不多。
    8) 住在帳篷旅館可以減肥。
    9) 如果睡不着,可以去危地馬拉的催眠旅館。
    10) 在非洲,有的旅館建在大樹下面。

2. 你喜歡旅行嗎?你去過哪些國家?請你談談你的見聞。

第十六課

一、 語音練習

1. 聽寫拼音：
   1) zuōqǔjiā   2) lùyīnjī   3) niúzǎifú   4) shāngpǐnhuà
   5) tán gāngqín   6) shēngcún kōngjiān   7) fāzhǎn qiántú
   8) mínzú chuántǒng   9) xīyáng yuèqì   10) měilì gēhóu
   11) Nín zuìjìn yǒu shénme xīn zuòpǐn ma?
   12) Tīngle zhè shǒu qǔzi wǒ shēn shòu gǎndòng.
   13) Tīng zhè míngzi, nǐ yídìng shì wèi gēchàngjiā ba?
   14) Wèishénme nǐ yídìng yào fǒudìng liúxíng gēqǔ ne?
   15) Yīnyuèhuì shang yǎnzòu de yuèqǔ huānkuài huóbō, yōuměi dòngtīng.

2. 聽我問，請你標出答句的重音：
   1) 你聽過《梁祝》這支曲子嗎？（聽過好幾遍了。）
   2) 你喜歡什麼音樂？（古典音樂。）
   3) 你喜歡唱卡拉OK嗎？（我覺得沒什麼意思。）
   4) 昨晚你幹什麼了？（在房間裏聽音樂。）
   5) 今晚你有什麼安排？（去聽音樂會。）
   6) 這架鋼琴什麼時候買的？（它跟了我幾十年了。）
   7) 你會彈鋼琴嗎？（學過一點兒。）
   8) 您最近有什麼新作品嗎？（這是我上星期才寫的。）
   9) 您就是鄭小姐吧？（不，你認錯人了。）
   10) 這首曲子叫什麼名字？（《彩雲追月》。）

3. 聽句子,請你把所給的詞語填在句中適當的位置,注意每組詞發音的不同,然後朗讀:
   1) 鄭先生家的廚房不太大,但有個很大的書房。
      (a chúfáng   b shūfáng)
   2) 小王和新婚的妻子高高興興地搬進了新分的房子。
      (a xīn fēn   b xīnhūn)
   3) 椰子是南方才有的水果,而茄子這種菜在南方北方都很常見。
      (a qiézi   b yēzi)
   4) 李大媽得急病住醫院了,給她治病的是金大夫。
      (a zhìbìng   b jí bìng)
   5) 中午下班沒時間炒菜、做飯,隨便吃點兒點心、小菜吧。
      (a chǎocài   b xiǎocài)
   6) 這家飯店的服務很好,住在這兒很方便。
      (a fāngbiàn   b fàndiàn)
   7) 小王住的居民小區在郊區,坐車到城裏要兩個小時。
      (a jiāoqū   b xiǎoqū)
   8) 公共汽車總是那麼多人,每天上下班擠車還不如騎車方便呢。
      (a jǐ chē   b qí chē)
   9) 回到故鄉,遇到幾十年前的老朋友,互相已經不認識了。
      (a gùxiāng   b hùxiāng)
   10) 我不舒服,全身沒勁兒,什麼也不想幹,連最喜歡的電視劇也覺得沒勁了。
      (a méijìn   b méi jìnr)

二、 語法練習
   1. 聽句子,邊聽邊填空,然後朗讀:
      1) 鄭先生家的客廳整潔而雅致。
      2) 除了沙發、書櫃之外,還有一架鋼琴。
      3) 這盤錄音帶是朋友送給我的。
      4) 這首管弦樂曲非常動聽。

5) 中國有深厚的民族音樂傳統。
6) 今天,藝術商品化的現象越來越嚴重了。
7) 媽媽希望女兒跟她一樣有美麗的歌喉。
8) 有時,流行歌曲更能表現人的內心世界。
9) 小王迷上了打麻將,什麼都顧不上了。
10) 別爭論了,還是聽聽這首曲子吧!

2. 聽對話,選擇正確答案:
   1) A: 這支曲子爲什麼叫《梁祝》呢?
      B: 它是根據一個有名的愛情故事創作的。
      他們說的《梁祝》是
      a 一個故事
      b 一個新作品
      c 一首曲子

   2) A: 聽說你讓兒子每天學鋼琴?
      B: 他哪兒聽我的話呀?真拿他沒辦法。
      他們的對話說明
      a 兒子很聽話
      b 兒子不願意學鋼琴
      c 兒子每天彈鋼琴

   3) A: 你喜歡音樂,卡拉OK一定唱得不錯?
      B: 那算什麼音樂呀?
      他的話說明
      a 他卡拉OK唱得很好
      b 他不喜歡卡拉OK
      c 他不喜歡音樂

   4) A: 聽說小王不學鋼琴,又改學小提琴了?
      B: 哪兒呀,現在他又迷上吉它了。
      小王現在喜歡
      a 鋼琴
      b 小提琴
      c 吉它

5) A：你和你愛人都是搞藝術的,一定很有共同語言吧?
　　B：我們有時爭論得可厲害呢。
　　　從對話可以知道,他和愛人
　　　a　看法常常不一樣
　　　b　看法總是一樣的
　　　c　總是說一樣的話
6) A：老王,你給我們唱一個吧!
　　B：我這破嗓子,怎麼能唱歌呢?
　　　老王的意思是
　　　a　他嗓子疼
　　　b　他不會唱歌
　　　c　他沒有美麗的歌喉
7) A：小強,你的頭髮怎麼弄成這麼個怪樣子?
　　B：媽,你真外行! 歌星都是這種樣子,今年最流行的。
　　　從對話可以知道:
　　　a　孩子的頭髮很好看
　　　b　孩子的頭髮是跟歌星學的
　　　c　媽媽的頭髮樣子很奇怪
8) A：大力,聽你這名字,你一定很有勁兒吧?
　　B：父母給我起這個名字,祇是表示他們的希望。
　　　他們的對話說明
　　　a　叫"大力"的人力氣很大
　　　b　叫"大力"的人力氣不大
　　　c　"大力"祇是名字,不一定力氣大
9) A：我給你的那盤帶子你聽了覺得怎麼樣?
　　B：這種東西還能叫藝術? 簡直是噪音!
　　　說話的人認爲錄音帶
　　　a　水平很差
　　　b　水平很高
　　　c　水平還可以
10) A：老王,新年晚會你準備唱什麼?
　　B：我別的不行,欣賞水平還可以,準備當觀衆吧。

老王準備在晚會上
a 唱歌
b 表演別的節目
c 看節目

三、 綜合練習

對話(一)　　兒子的愛好

〔情景：兒子小强和爸爸對話〕

A：小强，你手裏拿的什麼？
B：沒什麼。
A：給我看看！又是錄音帶！這種東西你能不能少買幾盤？
B：爸，我就知道您又得教訓我！這可是最新出的"天王巨星"專輯，我好不容易才弄到的。
A：你要是學習有這麼積極就好了。跟你說了多少次了，家裏那些唱片都是經典的音樂作品，可你一點兒也沒興趣，交響音樂會的票你也送了人，真拿你沒辦法。你喜歡的這些東西，哪兒能叫藝術？你怎麼一點兒也不像我呢？
B：爸！爸！您又來了，都是老一套。您聽您的古典音樂，我聽我的流行歌曲，各人有各人的愛好嘛！您幹嘛總是否定別人呢？
A：多聽聽高雅音樂，你就不是現在這個樣子了。哎，你的頭髮怎麼弄成這麼個怪樣子？
B：您沒看見電視上的歌星都這樣打扮嗎？這是今年最流行的。
A：流行！流行！你的頭髮今天長，明天短，跟你的愛好一樣，昨天還是搖滾樂，今天又迷上了流行歌曲，變得真快！
B：要跟上時代嘛！您的觀念也太落後了。
A：什麼？你倒教訓起我來了？

1. 聽第一遍，選擇正確答案：
   1) 爸爸不喜歡兒子買錄音帶是因為他
      a 不喜歡聽音樂

        b 喜歡教訓兒子
        c 跟兒子愛好不同
    2) 兒子買的錄音帶是
        a 流行歌曲
        b 搖滾樂
        c 交響樂
    3) 爸爸喜愛的音樂是
        a 搖滾樂
        b 古典音樂
        c 流行歌曲
    4) 兒子頭髮的樣子是
        a 從電視上學來的
        b 跟歌星們學來的
        c 跟爸爸學來的

2. 聽第二遍,判別正誤並改正錯處:
    1) 兒子很少買錄音帶。
    2) 爸爸經常教訓兒子。
    3) "天王巨星"專輯很容易買到。
    4) 他們家有不少古典音樂唱片。
    5) 兒子對交響音樂會有興趣。
    6) 兒子認為應該有自己的愛好。
    7) 兒子頭髮的樣子很特別。
    8) 爸爸覺得兒子的樣子不像自己。
    9) 兒子的頭髮和愛好一樣常常變化。
    10) 爸爸認為兒子太落後了。

3. 根據課文內容選擇下列句子的正確解釋:
    1) 兒子說"爸爸,您又來了,都是老一套。"
       他的意思是
        a 爸爸回來了,樣子沒有變
        b 他不喜歡爸爸又進他的房間

279

　　　　　c　他不喜歡爸爸總是說這些話
　　2）爸爸說兒子"你要是學習有這麼積極就好了。"
　　　　他的意思是
　　　　　a　兒子學習不積極
　　　　　b　兒子學習很積極
　　　　　c　兒子學習很好
　　3）"多聽聽高雅音樂,你就不是現在這個樣子了。"
　　　　這句話的意思是
　　　　　a　多聽高雅音樂,你的樣子一定會變
　　　　　b　多聽高雅音樂,你不會變樣子
　　　　　c　多聽高雅音樂,你會變得比現在好

4. 跟讀下列句子,注意語句的重音:
　　1）這些東西哪兒能叫藝術?
　　2）你的頭髮怎麼弄成這麼個怪樣子?
　　3）要跟上時代嘛!
　　4）什麼?你倒教訓起我來了!

5. 再聽一遍,回答問題:
　　1）爸爸和兒子各有什麼愛好?
　　2）爸爸爲什麼總是教訓兒子?

對話(二)　　濫竽充數

〔情景:老張和公司同事談話〕

A:老張,公司要開新年晚會了,經理說,每個人都要參加表演,你準備了什麼節目呀?

B:我不會表演,就當個觀衆吧!

A:那怎麼行?你可以唱歌嘛,你不是喜歡音樂嗎?

B:我喜歡音樂,那是欣賞。唱歌可不行,我這人五音不全,一唱歌就跑調。

A:你在卡拉 OK 歌廳唱得還可以嘛!

B：咳！小王，那是大家一起湊熱鬧，互相捧場，哪兒能表演呢？
A：那你參加合唱吧，十幾個人一起唱，你光動動嘴，不出聲都行。
B：光動嘴，不出聲，那不成了"濫竽充數"啦？
A："爛魚"？魚就是不爛也出不了聲呀。
B：什麼呀，這是個成語。竽是一種樂器，"充數"就是湊數的意思。古代有個國王愛聽竽，他命令300人的樂隊一起給他表演。有一位南郭先生不會吹竽，但他混在樂隊裏湊數，每次表演完了都和別人一樣得到獎賞。後來，這個國王死了，另一個國王讓樂隊一個人一個人吹給他聽，南郭先生混不下去，就逃跑了。後來人們就用"濫竽充數"來比喻沒有本領的人假裝成有本領，不好的假裝成好的。
A：哦，是這麼個"濫竽充數"呀。老張，看來這回你祇好當一次南郭先生了。
B：祇好這麼辦了。

1. 聽第一遍，判別正誤並改正錯處：
   1) 老張想給大家表演一個節目。
   2) 老張喜歡欣賞音樂。
   3) 老張卡拉OK唱得很好。
   4) 小王建議老張假裝會唱歌。
   5) 小王也知道"濫竽充數"這個成語。
   6) 充數就是湊數的意思。
   7) 老張不準備參加合唱。

2. 聽第二遍，選擇正確答案：
   1) 他們準備節目是因為
      a 公司要開新年晚會
      b 去卡拉OK歌廳
      c 欣賞音樂
   2) 老張不願意表演是因為
      a 他不喜歡唱歌
      b 他唱歌跑調

　　　　c　他喜歡當觀眾
　　3）南郭先生混在樂隊裏是爲了
　　　　a　得到國王的獎賞
　　　　b　他喜歡吹竽
　　　　c　他不好意思一個人吹竽
　　4）南郭先生逃跑是因爲
　　　　a　第一個國王死了,他不想繼續吹竽了
　　　　b　他怕第二個國王發現他不會吹竽
　　　　c　他不想跟大家一起吹竽了

3．聽句子,邊聽邊填空,然後朗讀:
　　1）老張這個人五音不全,一唱歌就跑調。
　　2）你可以光動嘴,不出聲。
　　3）小王把"濫竽"聽成了"爛魚"。
　　4）南郭先生混在樂隊裏和別人一樣得到獎賞。
　　5）人們用這個成語來比喻沒有本領假裝成有本領的人。

4．再聽一遍,回答問題:
　　1）老張要表演什麼節目?
　　2）說說"濫竽充數"這個故事。

四、　泛聽練習

　　聽下面的短文,看你能不能跳躍障礙詞語,理解全文:

（一）　一首歌的故事

　　1914年12月24日,在法國的一個戰場上,經過幾個月激烈戰鬥的各國士兵都感到高興的是,今天没有像往常那樣聽到槍炮聲。忽然,從德軍陣地那邊傳來了歌聲:"平安夜,聖潔夜,一切寧静,一切明亮!……"緊接着,英軍陣地這邊也響起另一首聖誕歌曲。德英兩國軍隊的高級將領,不但沒有阻止士兵們,反而被大家的情緒所感染,也參加了合唱。人們圍在掛滿蠟燭的聖誕樹周圍,希望那象徵和平的蠟燭永不熄滅。

這就是發生在第一次世界大戰期間的一個奇蹟。

今天,《平安夜》這首歌已經成了世界各地的基督徒在聖誕節期間唱的頌歌。這首歌是1818年在奧地利的一個鄉村小教堂誕生的,那年的聖誕夜,這首歌給村民們帶來了歡樂與祥和,大受歡迎。此後,這首《平安夜》傳到其他鄉鎮,傳遍奧地利,傳到了全世界。

1. 聽第一遍後回答問題:
   這段話中提到了一首什麼歌?這首歌是在什麼時候唱的?

2. 再聽兩遍後判別正誤:
   1) 這個故事發生在德國。
   2) 聖誕節的前一天和平常一樣可以聽到槍炮聲。
   3) 正在打仗的德國和英國士兵一起唱起了聖誕節的歌。
   4) 軍隊的領導命令他們不要唱了。
   5) 這一天人們都希望和平。
   6) 這個故事發生在第二次世界大戰期間。
   7)《平安夜》這首歌是1914年在奧地利誕生的。
   8) 現在全世界的基督徒聖誕節時都要唱這首歌。

聽下面這支歌,說說你聽到了什麼?

(二) 祝你平安(歌詞)

你的心情現在好嗎?你的臉上還有微笑嗎?人生自古就有許多愁和苦,請你多一些開心,少一些煩惱。

你的所得還那樣少嗎?你的付出還那樣多嗎?生活的路,總有一些不平的事,請你不必太在意,灑脫一些過得好。

祝你平安,祝你平安,讓那快樂,圍繞在你身邊。祝你平安,祝你平安,你永遠都幸福,是我最大的心願。

第十七課

一、 語音練習

1. 聽寫拼音：
   1) tuīxiāo 2) guójì   3) zhǎnlǎn 4) shēnqǐng 5) yìngpìn
   6) zhuānyè 7) shāngliang 8) xīyǐn   9) zīxún   10) jiǎnlì
   11) Xīn dòng bùrú xíngdòng .
   12) Wǒ xiǎng qù shìshi zìjǐ de yùnqi .
   13) Nǐ gěi wǒ chūchu zhǔyi ba !
   14) Qǐng nǐ tián yíxiàr bàomíng biǎo.
   15) Qǐng dàjiā páihǎo duì , zhǔnbèihǎo líng qián .

2. 聽我問，請你標出答句的重音：
   1) 你是哪個單位的？（我是萬客隆公司的。）
   2) 請問，在哪兒買門票？（售票處在那邊。）
   3) 你的專業是什麼？（我是學計算機的。）
   4) 你想做什麼工作？（我喜歡公關工作。）
   5) 你喜歡你的工作嗎？（還可以吧。）
   6) 你是大學生嗎？（我大學快畢業了。）
   7) 你的外語水平怎麼樣？（聽力還可以，口語不行。）
   8) 先生，能和您談談嗎？（對不起，現在我沒時間。）
   9) 小姐，您有什麼事？（我想見見你們經理。）
   10) 請問，在哪兒報名？（就在這兒。）

3. 聽問題，請你用所給的詞語回答問題，注意輕聲的讀法：
   1) 你們坐在這兒幹什麼呢？（商量）

2) 你想跳舞嗎?（興趣）
3) 昨天考試你考得怎麼樣?（運氣）
4) 北京的飯館兒比南方的好吧?（講究）
5) 這件絲綢襯衣真漂亮,你買一件吧?（捨得）
6) 我們住的地方不好找吧?（打聽）
7) 學過的生詞你都記住了嗎?（腦子）
8) 這個包這麼重,你拿得動嗎?（力氣）
9) 你弟弟大學畢業了嗎?（博士）
10) 你們笑什麼?（笑話）

二、 語法練習
1. 聽句子,邊聽邊填空,然後朗讀:
    1) 老王的工作是到處推銷公司的產品。
    2) 每天報紙上都有不少招聘廣告。
    3) 騎了大半天車,我們累得滿頭大汗。
    4) 請把你的姓名、住址、電話號碼輸入電腦。
    5) 售票處的票已經賣完了。
    6) 這個工作吸引了不少求職者。
    7) 經理臨走前向我交待了這項工作。
    8) 休息一會兒吧,喘口氣,喝點兒水。
    9) 今天我不報名,我是來咨詢的。
    10) 這些學習材料對你會有幫助的。

2. 聽對話,選擇正確答案:
    1) A:小王,最近忙什麼呢?
       B:忙着求職呢,滿意的工作不好找呀!
       從對話可以知道,小王
         a 工作很忙
         b 正在找工作
         c 對工作很滿意
    2) A:小姐,您想應聘什麼工作?
       B:我幹什麼都可以。

這是誰和誰在談話?
a 招聘者和求職者
b 經理和秘書
c 老師和學生

3) A:請問,你們公司條件怎麼樣?
B:我們是一流的大公司,當然錯不了。
從對話可以知道,他們公司
a 條件第一
b 條件不好
c 條件不錯

4) A:到我們公司工作需要一定條件。
B:我的專業正好是建築設計,我還會電腦,英語也不錯。
他們公司招聘的人才是
a 搞建築設計的
b 會電腦的
c 懂英語的

5) A:李先生,如果您來我們公司,年薪一定比原來高得多。
B:王經理,您是知道的,我不是為了錢。
從對話可以知道
a 李先生想去別的公司
b 王經理的公司想要李先生
c 李先生不想挣錢

6) A:王經理,我的要求您再考慮一下吧!
B:李小姐,我們的位子已經滿了,您是不是再去別處試試?
從對話可以知道
a 王經理的公司想要李小姐
b 李小姐没希望得到職位
c 李小姐想去別的公司

7) A:小張,不用看報紙,想知道新聞問我就行了。
B:我是想看看招聘廣告。
小張想幹什麼?

       a　瞭解今天的新聞
       b　買報紙
       c　看招聘廣告

8) A：小王，最近工作怎麽樣？
   B：没勁，正想换個地方呢！
   小王想幹什麽？
       a　换工作
       b　搬家
       c　找房子

9) A：小王，最近經理怎麽總是教訓你？
   B：誰知道，反正我在這兒一天也不想幹了。
   從對話知道
       a　小王不知道怎麽工作
       b　小王想去别處工作
       c　小王不喜歡經理

10) A：小張，你是不是再考慮一下兒留下來工作？
    B：王經理，你不用勸了，我早就考慮好了。
    王經理勸小張
        a　不要調走
        b　不要到外邊去
        c　想一個問題

三、綜合練習

對話（一）　　上班時的小王

〔情景：小王和公司同事談話〕

A：（關門聲）哼！有什麽了不起的！
B：怎麽啦，小王？
A：最近經理是不是吃錯什麽藥了？總是跟我過不去。這不，又教訓了我一頓！
B：一定是你又辦錯了什麽事，要不經理不會批評你的。

A：我不就是忘了把香港發來的傳真交給他嗎？今天給他也不晚嘛，這又不是什麼大錯！

B：什麼？這錯誤還小哇？這份傳真是一家重要客户的材料，經理等了好幾天了。怪不得他生氣呢！

A：你不知道，不祇是爲這事。經理總是看我不順眼，找我的茬兒。上次我上班時打電話跟女朋友聊天兒，也正好讓他看見了，真倒霉！

B：你又不是不知道公司的規定，工作時間不能打私人電話，你還跟女朋友聊天兒，是太不像話了。

A：哎呀，我那位女朋友脾氣大得很，我哪兒敢得罪她？

B：經理你就敢得罪啦？我看你趕快向經理道歉，不然你的飯碗可能就保不住了。

A：怕什麼？我早就不想幹了，明天我就辭職！

1. 聽第一遍，選擇正確答案：
   1) 今天經理教訓小王是因爲
      a 經理生病吃錯了藥
      b 小王工作出了錯
      c 經理看小王不順眼
   2) 同事説小王不像話是因爲他
      a 上班時打電話聊天兒
      b 跟女朋友吵架
      c 得罪了經理
   3) 這段對話主要告訴我們
      a 小王不怕經理
      b 小王想辭職
      c 小王工作不太努力

2. 聽第二遍，判別正誤並改正錯處：
   1) 經理常常批評小王。
   2) 小王没有把香港發來的傳真交給經理。
   3) 經理收到客户的材料很生氣。

4）經理不喜歡小王，所以總是找他的茬兒。
5）公司規定不能打私人電話。
6）小王的女朋友很怕他。

3. 根據對話內容選擇下列句子的正確解釋：
   1）"經理是不是吃錯藥了"。意思是
      a 經理病了
      b 經理吃藥吃得不對
      c 經理和平時不一樣
   2）"經理總是和我過不去"。意思是
      a 經理不到我家去
      b 經理不和我一起去
      c 經理總是找我的茬兒
   3）"你的飯碗可能就保不住了"。意思是
      a 錢可能沒有了
      b 吃飯的碗可能壞了
      c 工作可能丟了

4. 跟讀下列句子：
   1）經理是不是吃錯藥了，總是和我過不去？
   2）什麼，這錯誤還小哇？
   3）她脾氣大得很，我哪兒敢得罪她？
   4）我早就不想幹了，明天就辭職！

5. 再聽一遍，回答問題：
   1）小王工作得怎麼樣？
   2）如果你是經理你怎麼辦？如果你是小王呢？

對話（二） 趙小姐應聘

〔情景：趙小姐應聘〕

A：請坐，小姐！請你自我介紹一下兒吧！
B：我叫趙蘭，今年23歲，經濟系畢業的。
A：你想應聘什麼工作呢？
B：什麼都可以。看了你們招聘廣告上的條件，我都符合，就報名了。我的英語不錯，還學過電腦。我對市場營銷很有興趣，公關、秘書等工作我也能勝任。
A：在這些方面你有工作經驗嗎？
B：在學校時每個假期我都去打工，推銷商品、站櫃臺、做家教我都幹過，我覺得自己挺有經驗的。我的學習成績門門都是85分以上。這些我的簡歷上都寫着呢。
A：除了這些以外，你有沒有什麼特別的專長呢？
B：我……對了，我乒乓球打得不錯，得過學校第三名呢！
A：趙小姐，今天就談到這兒，我們研究一下兒再答復你吧！

1. 聽第一遍，選擇正確答案：
    1) 趙小姐想應聘什麼工作？
        a 什麼都可以
        b 公關工作
        c 秘書工作
    2) 趙小姐没做過什麼工作？
        a 推銷商品、賣東西
        b 家庭教師、秘書
        b 市場營銷
    3) 趙小姐的學習成績怎麼樣？
        a 不錯
        b 不好
        c 簡歷上没寫

2. 聽第二遍，判別正誤並改正錯處：
    1) 趙小姐是英語系畢業的。
    2) 趙小姐覺得自己符合招聘廣告上的條件。
    3) 趙小姐認爲自己公關、秘書工作做得很好。

4）趙小姐對電腦很內行。
5）放假時趙小姐常常去打工。
6）趙小姐參加過乒乓球比賽。
7）趙小姐在市場營銷、公關、秘書等工作方面很有經驗。

3. 再聽一遍,回答問題:
你認爲趙小姐能被錄用嗎?爲什麼?

對話(三)　　孫小姐面試

〔情景:孫小姐面試〕
A:請問,萬達廣告公司是在這兒嗎?我叫孫輝,是來參加面試的。您是王先生吧?
B:是我。你怎麼現在才來?面試時間就要過了。
A:真對不起,我不是有意遲到的。因爲完成這件東西耽誤了時間。請您看看吧!
B:這是什麼?是你的作品嗎?
A:對。我是學工藝美術的,業餘時間喜歡照相,這是我剛剛做好的。我很喜歡家庭用品的廣告設計工作,你們正好有個位子,對我很合適。
B:喵,你倒挺自信的。你怎麼能肯定你做這個工作合適呢?
A:我的作品就在您手裏。再說,您也可以考考我呀。比如說,你們辦公室裏掛這張畫兒,我看就不合適,您想不想聽聽我的意見?
B:好吧,以後會有機會聽你的意見的。對了,我們這兒工資雖然不低,可是工作很辛苦,你受得了嗎?
A:雖然我很需要錢,但能做自己喜歡的工作,錢就不是最重要的了。
B:孫小姐,下星期一你給我們打個電話好嗎?
A:好吧,謝謝您!

1. 聽第一遍,判別正誤並改正錯處:

1) 孫小姐是帶着作品來面試的。
2) 孫小姐遲到了。
3) 孫小姐應聘的公司是做家庭用品的。
4) 她認爲自己到這裏工作很合適。
5) 她不喜歡辦公室裏的畫兒。
6) 她想考考王先生。
7) 王先生不想聽孫小姐的意見。
8) 在廣告公司工作很累。
9) 孫小姐有很多錢。
10) 下星期王先生要給孫小姐打電話。

2. 聽第二遍,選擇正確答案:
   1) 孫小姐來晚了是因爲
      a 不知道面試時間
      b 有意遲到
      c 完成作品耽誤了時間
   2) 孫小姐對什麼工作有興趣?
      a 照相
      b 廣告設計
      c 工藝美術
   3) 孫小姐認爲自己來這兒工作很合適是因爲
      a 她覺得自己有能力
      b 她對這個公司有意見
      c 她通過了考試

   4) 孫小姐爲什麼想來這兒工作?
      a 因爲掙錢很多
      b 因爲這個工作很重要
      c 因爲喜歡這個工作

3. 聽句子,邊聽邊填空,然後朗讀:
   1) 對不起,我因爲完成這件東西**耽誤**了時間。

2) 嗬,你到挺自信的。
3) 你怎麼能肯定你做這個工作合適呢?
4) 您想不想聽聽我的意見?
5) 我們這兒工作很辛苦,你受得了嗎?

4. 再聽一遍,回答問題:
你認爲孫小姐能被錄用嗎? 爲什麼?

四、泛聽練習

聽下面的短文,看你能不能跳躍障礙詞語,理解全文:

空姐——令人羨慕的職業

漂亮的制服,迷人的微笑,豐厚的收入,再加上周遊全世界(空中乘務員,也就是空中小姐),這是多少年輕姑娘羨慕和向往的職業。

據北京的一家報紙報道,中國最大的航空公司——中國民航1996年首次爲外國航空公司招收空中乘務員。6名中國姑娘將前往羅馬,在接收專業培訓之後,在意大利航空公司的羅馬——北京的航綫上執行空中服務。

這篇報道說,北京外航服務公司爲意航招收空姐的廣告在報紙上刊出一個星期之後,就有500多人報名;經過面試、筆試、複試合格的28名小姐,又接受了按國際通行的體檢標準進行的身體檢查和意大利航空公司的面試。最後,6名具有大專以上學歷,精通外語,有一定實際工作經驗的姑娘入選。

值得一提的是,一些文化層次較高、各方面條件都比較好的姑娘,在面試中表現出對中國和國內企業的不良情緒,立即被外航專家淘汰。他們認爲,一個不熱愛自己祖國的人,也不會全身心地爲意大利航空公司服務。

1. 聽兩遍後判別下列句子的正誤:
   1) 空中小姐是每個人都羨慕的職業。
   2) 空中小姐的工作挣錢很多。

3）中國民航1996年第一次招收空姐。
4）有6名小姐報名應聘。
5）招聘廣告刊登在報紙上了。
6）有28位小姐通過了考試，被錄用了。
7）被錄用的人要參加兩次面試。
8）被錄用的人要去意大利學習。
9）她們將在羅馬尼亞——北京的航綫上服務。
10）條件好的姑娘都被錄用了。

2. 再聽一遍，回答問題：
1）最後有幾位姑娘被錄用？她們具備什麼條件？
2）爲什麼有些條件好的人没有入選？

第十八課

一、 語音練習
1. 聽寫拼音：
    1) jùtǐ   2) diàolán   3) yuèjù   4) yǔyīn   5) cíhuì
    6) chāyì   7) huìhuà   8) wǔdǎ   9) Zhōng Xī wénhuà
    10) nán běi fēngqíng
    11) Zhōngguó wénhuà zhège tímù tài dà le.
    12) Nánfāngrén xǐhuan dàmǐ, běifāngrén xǐhuan miànshí.
    13) Wǒmen likè bèi zhè fú huà xīyǐn zhù le.
    14) Jīntiān de jiǎngzuò shì shénme nèiróng?
    15) "Jùnmǎ qiūfēng Jìběi, xìnghuā chūnyǔ Jiāngnán".

2. 聽我問,請你標出答句的重音：
    1) 你知道中國的面積有多大嗎？（和整個歐洲差不多。）
    2) 你們想問哪個方面的問題？（關于文化藝術方面的。）
    3) 你們最感興趣的是什麼？（我們想請您談談京劇。）
    4) 這首詩你會背嗎？（還是小時候學的呢。）
    5) 聽口音你是南方人吧？（對,我是江西人。）
    6) 你嚐嚐這個菜味道怎麼樣？（好吃是好吃,就是太鹹了。）
    7) 這些畫你喜歡哪幅？（那幅國畫。）
    8) 你喜歡吃米飯嗎？（不,我喜歡吃面食。）
    9) 學好普通話你覺得什麼最重要？（當然是語音了。）
    10) 這個講座的內容是什麼？（是關于中國文化的。）

3. 聽句子,把所給的詞語填在適當的位置,注意每組詞發音的不同,然後朗讀:
   1) 這幅畫上的長城蜿蜒起伏,氣勢雄偉。
   2) 南北文化不同,造成了人的性格和氣質也不同。
       (a qìshì   b qìzhì)
   3) 請把你的姓名、住址輸入電腦。
   4) 露天舞會不要門票,出入自由。
       (a chūrù   b shūrù)
   5) 今天參加招聘的單位,都是一流的大公司。
   6) 市場的東邊是賣蔬菜的攤位。
       (a dānwèi   b tānwèi)
   7) 中國畫與西洋繪畫的風格完全不同。
   8) 你能談談這篇小說的思想內容嗎?
       (a sīxiǎng   b xīyáng)
   9) 馮教授的書櫃裏擺滿了各種書籍。
   10) 馮教授我祇是認識,不太熟悉。
       (a shūjí   b shúxī)

二、 語法練習
   1. 聽句子,邊聽邊填空,然後朗讀:
      1) 外面已是寒冷的冬天,房間裏却充滿了春意。
      2) 馮教授想和同學們商量一下講座的具體內容。
      3) 中國的面積跟整個歐洲差不多。
      4) 這幅畫畫出了長城的雄偉氣勢。
      5) 這次去南方,江南秀色給我的印象太深了。
      6) 你知道從地球到月球的距離嗎?
      7) 這幅畫上空白的地方正好可以題一首詩。
      8) 有時,南方人和北方人性格和氣質完全不同。
      9) 小王看小說入了迷,連吃飯都忘了。
      10) 南北在文化上的差異,有時是十分明顯的。

   2. 聽對話,選擇正確答案:

1) A：快來，小王，你看這張！
   B：嗯，一片江南秀色，一看就知道是南方畫家的作品。
   他們在說什麼？
   a 一幅畫兒
   b 一首歌
   c 一本畫報

2) A：小王，你吃菜的口味比我們南方人重多了。
   B：南甜北鹹嘛！
   小王是什麼地方人？
   a 南方人
   b 北方人
   c 不清楚

3) A：陳先生，你太太也是南方人吧？
   B：哪兒呀，我們倆一南一北。
   陳太太是哪兒人？
   a 南方人
   b 北方人
   c 不清楚

4) A：你們南方人頓頓吃米飯，難道一點兒也不喜歡面食嗎？
   B：其實南方人也喜歡包子、餛飩等等，祇不過常常把這些東西當點心罷了。
   他們的對話說明，南方人
   a 不吃面食
   b 頓頓吃面食
   c 把面食當點心

5) A：小張，你對京劇怎麼看？
   B：我覺得它慢慢騰騰的，不符合現代生活的節奏。
   從對話知道，小張
   a 喜歡京劇
   b 不喜歡京劇
   c 沒看過京劇

6) A：小王，你對服裝這麽內行，說起來一套一套的。
   B：是啊，穿什麽，怎麽穿，學問大着呢。
   從對話可以知道，小王
   a　在服裝方面知識很豐富
   b　有很多套衣服
   c　不知道怎麽穿衣服

7) A：看懂京劇需要很高的文化水平吧？
   B：那倒不一定，以前很多戲迷連學都沒上過呢。
   從對話可以知道
   a　文化水平很高才能看懂京劇
   b　沒學過京劇就不能看懂京劇
   c　文化水平不高也可以喜歡京劇

8) A：遊西安一定要參觀兵馬俑嗎？
   B：那還用説？這是必不可少的節目嘛！
   對話説明，參觀兵馬俑
   a　是到西安一定要做的事
   b　是到西安一定不要做的事
   c　不一定要到西安

9) A：（男）小王的女朋友個子小小的，皮膚白白的，挺漂亮，一看就是南方人。
   B：（女）照你這麽説，北方人就不漂亮啦？
   男的意思是
   a　南方人都很漂亮
   b　南方姑娘個子小，皮膚白
   c　北方人不漂亮

10) A：（女）小張個子不高，瘦瘦的，像個南方人。
    B：（男）誰説的？小張熱情、大方，辦事痛快，一看就是北方人。
    男的認爲北方人
    a　個子不高，瘦瘦的
    b　熱情大方，辦事痛快
    c　個子很高，胖胖的

三、 綜合練習

對話(一)　　半個京劇專家

〔情景:羅偉才和王士文談話〕

A：偉才,這次來北京,遊故宮,登長城,吃烤鴨,這些必不可少的節目都參加過了,下邊該做什麼了?

B：當然是看京劇啦。京劇是中國的國劇,到北京不看京劇怎麼行呢?

A：聽説京劇很難懂,没有一定的文化水平恐怕看不明白吧?

B：那倒不一定。不過,傳統的京劇都是根據歷史故事編寫的,所以要理解劇情就需要一些歷史知識。也有些新編的京劇,内容有歷史的,也有現代的,看起來容易一些。

A：我祇是從電視裏看過京劇表演,給我的印象是,服裝紅紅綠綠的很漂亮,演員臉上也五顔六色的,音樂聲音很大,非常熱鬧。至于唱的、演的是什麼,就一點兒也不懂了。

B：這就叫"外行看熱鬧,内行看門道"。簡單地説,京劇講究"唱、念、做、打"。唱,就是唱腔,京劇的唱腔有很多種,它們是吸收了南方、北方好幾種地方劇的唱腔,經過不斷發展變化而來的。

A：噢。我祇覺得京劇的唱腔很好聽,原來它並不是北京的地方戲呀。

B：對。念,就是念白,也可以説是劇中人物的對話,戲臺上的話跟日常生活中的語言不同,有一種特别的聲調和節奏感。另外,人物身份不同,念白也不同。

A：怪不得京劇裏的話我一句也聽不懂呢!

B：做,是指表演。京劇的表演是有一定程式的。比如騎馬,演員手裏的馬鞭揚一揚,就表示騎上馬了,其實戲臺上並没有真的馬。

A：這一點和中國畫有點像,表示的祇是那麼一點意思,並不追求完全真實。

B：也可以這麼理解吧。還有"打",就是我們常説的武打。鑼鼓一響,看不懂劇情的外行,就祇好看熱鬧了。
A:這熱鬧挺好看的。還有,有些演員臉上五顏六色、奇奇怪怪的化妝是怎麼回事呢?
B:那叫"臉譜",根據劇中人物身份、性格的不同,臉譜也不同。比如……哎,要是詳細說起來,夠開一個講座的了。不過,這我可不能勝任,還得請專家來才行。
A:別客氣,我看你快成半個專家了。
B:談不上專家,小小戲迷吧。

1. 聽第一遍,選擇正確答案:
   1) 下面的哪幾項是來北京必不可少的節目?
      a 吃烤鴨、看京劇、逛商場
      b 登長城、遊故宮、看京劇
      c 遊故宮、逛商場、吃烤鴨
   2) 看懂京劇需要
      a 一定的歷史知識
      b 一定的音樂知識
      c 一定的文化水平
   3) 京劇給王士文的印象是
      a 服裝不好看,音樂很好聽
      b 服裝很漂亮,唱腔很好聽
      c 化妝很奇怪,唱腔不好聽
   4) 京劇的臉譜
      a 跟人物的服裝、表演有關
      b 跟人物的語言、化妝有關
      c 跟人物的性格、身份有關

2. 聽第二遍,判別正誤並改正錯處:
   1) 京劇是北京的地方戲。
   2) 王士文覺得京劇很熱鬧,但沒有看懂。
   3) 京劇的唱腔完全是北方的風格。
   4) 京劇裏的人物對話跟平常說話一樣。

5) 戲臺上表演騎馬不需要真的馬。
6) "唱、念、做、打"的"打"是指武打。
7) 人物的身份不同,念白也不一樣。
8) 不懂京劇的人,也不喜歡看武打。
9) 京劇和中國畫有一樣的地方。
10) 羅偉才是京劇方面的專家。

3. 聽句子,邊聽邊填空,然後朗讀:
1) 簡單地說,京劇講究唱、念、做、打。
2) 京劇的唱腔是吸收了南方、北方好幾種地方戲的唱腔,經過不斷發展變化而來的。
3) 京劇的念白有一種特別的聲調和節奏感。
4) 京劇的表演是有一定程式的。
5) 表演時鑼鼓一響,熱鬧極了。
6) 京劇的臉譜是根據人物的性格、身份來決定的。

4. 跟讀下列句子:
1) 外行看熱鬧,內行看門道。
2) 京劇是國劇,不看怎麼行呢?
3) 怪不得我一句也聽不懂呢!
4) 談不上專家,小小戲迷吧。

5. 再聽一遍,回答問題:
1) "外行看熱鬧,內行看門道"是什麼意思?
2) 請你簡單介紹一下京劇。

對話(二)　　南北異同

〔情景:王士文和羅偉才談話〕
A: 士文,有人說,"南方出商人,北方出皇帝",你對這句話怎麼看?

B：這不過是一句玩笑話罷了。不過,我覺得它也反映出南方人和北方人不同的性格特點。比如,很多人都説北方人直爽、熱情、大方,南方人精明、細心、温柔,等等。

A：對,我也常聽人這麽説。你説,這是什麽原因呢?

B：原因太複雜了。我想,中國從南到北距離這麽遠,土地這麽廣闊,首先,南北不同的地理、氣候條件就會造成差異。南方山清水秀,氣候温和,但南方的耕地面積比較小,所以南方人大多温柔、細心,精于計算。

A：照你這麽説,北方平原廣闊,風沙大,寒冷乾燥,這些原因造成了北方人粗獷、熱情、直爽的性格?

B：也可以這麽説吧。當然,造成南北差異的原因很多,包括自然條件、歷史、文化傳統等等,這不是一句兩句能説清楚的。

A：南方北方有没有一致的地方呢?

B：那就太多了。就拿吃的來説吧,咱們漢族的飲食有一個特點就是富有寓意。比如説,南方北方都吃的年糕,有"年年高",即生活一年比一年好的意思;北方人正月十五吃元宵,南方人叫湯圓或湯團……

A：南方人一般在大年初一吃湯圓。

B：對。不管什麽時候吃,都有象徵合家團圓的意思。

A：士文,在吃的方面你真是專家,説起來一套一套的。

B：不好意思,我比不了你,研究不了京劇,祇好研究吃的吧。這就叫吃出學問來了。

1. 聽第一遍,選擇正確答案:
    1) 下面哪些詞語説明了南方人的性格特點?
        a　直爽、熱情、大方
        b　細心、温柔、精明
        c　粗獷、大方、精于計算
    2) 下面哪些是造成北方人性格的原因?
        a　廣闊的平原、風沙、寒冷
        b　山清水秀、氣候温和
        c　耕地面積狹小

3) 造成南北差異的原因,下面哪些是對話中沒談到的:
   a 歷史、文化傳統
   b 自然條件
   c 經濟發展情況
4) 漢族的飲食有一個什麼特點?
   a 富有寓意
   b 講究團圓
   c 過年時吃

2. 聽第二遍,判別正誤並改正錯處:
1) "南方出商人,北方出皇帝"這句話並不一定是真的。
2) 因為地理、氣候條件不同可能造成南方人和北方人性格不同。
3) 造成南北差異的原因是自然條件不一樣。
4) 南方北方祇是在吃的方面一樣。
5) 年糕是南方人吃的食品。
6) 北方人大年初一吃元宵。
7) 元宵和湯圓象徵生活一年比一年好。
8) 王士文認為自己對吃很有研究。

3. 根據課文內容選擇下列句子的正確解釋:
1) "這不過是一句玩笑話罷了"。意思是
   a 別開玩笑了
   b 這句話不是開玩笑
   c 這句話祇是開玩笑
2) "這不是一句兩句能說清楚的"。意思是
   a 這個問題不容易說清楚
   b 這個問題不能說清楚
   c 這個問題不需要說清楚
3) "這就叫吃出學問來了"。意思是
   a 在吃的方面沒有學問
   b 很懂得吃

c 在吃的同時增加了知識

4. 聽句子，邊聽邊填空，然後朗讀：
   1) 北方有<u>廣闊</u>的平原，風沙大，<u>寒冷乾燥</u>，這些原因造成了北方人<u>直爽</u>、熱情、<u>粗獷</u>的性格。
   2) 南方<u>山清水秀</u>，<u>氣候溫和</u>，<u>耕地</u>面積小，所以南方人<u>溫柔</u>、<u>細心</u>、<u>精于計算</u>。
   3) 人們吃年糕，有希望"<u>年年高</u>"，一年比一年好的<u>寓意</u>。
   4) 吃元宵或湯圓<u>象徵</u>合家<u>團圓</u>。

5. 再聽一遍，回答問題：
   1) 請你説説南方人、北方人各有什麼特點。
   2) 你怎麼看"南方出商人，北方出皇帝"這句話？

四、泛聽練習
聽下面的短文，看你能不能跳躍障礙詞語，理解全文：

中國人的姓氏

我們每個人都有名有姓，我姓張，你姓李，他姓王……中國人的姓，數量繁多，來源各異，要是仔細研究起來，這裏面學問可大着呢！

宋朝時候，有人編了一本《百家姓》，裏面收了472個姓氏，隨着歷史的發展，後人對《百家姓》不斷有所補充、修訂，近年來出版的這類書籍，收入的古今姓氏已經有好幾千個了。到底一共有多少姓氏，恐怕誰也難以説清楚。不過，最大的姓是什麼呢？這個問題不斷有人進行調查統計。

這些年來，盡管每次研究調查的結果不盡相同，但幾乎可以肯定地説，在中國，李、王、張是全國漢族人口中的大姓，其他佔漢族人口1%以上的大姓還有劉、陳、楊、趙、黃、周、吳、徐、孫、胡、朱、高、林、何、郭、馬等16個，這19個大姓佔漢族人口總數的55.6%。

在中國，大姓的分佈還有着地區性。李、王、張、劉等大姓在北方人中常見，而陳、黃、林等大姓在南方人中所佔的比例較高。造成這個姓氏地區性的原因自然是多方面的,不是一句兩句能説清楚的了。

1. 聽第一遍,記下你聽到了哪些姓:(可以寫拼音)

2. 再聽一遍後判別正誤:
    1) 中國人的姓數量很多,來源也不一樣。
    2) 《百家姓》是唐朝時候編的。
    3) 《百家姓》收了 427 個姓。
    4) 現在中國人的姓的數量和編《百家姓》時差不多。
    5) 在漢族人口中姓李、姓王和姓張的人最多。
    6) 大姓是指佔漢族人口 55.6% 以上的姓。
    7) 大姓一共有 16 個。
    8) 有的姓在南方多,有的姓在北方多。
    9) 一般來説,姓王的南方人多,姓黄的北方人多。
    10) 造成姓氏地區性的原因還不太清楚。

第十九課

一、**語音練習**

    1. 聽寫拼音：

        1) bólǎnhuì　　2) shìyìtú　　3) yínhuī sè　4) chuánzhēnjī

        5) dìyùxìng　　6) fúwù fèi　7) wǔxīng jí　8) bìyèshēng

        9) qiúzhízhě　10) gēchàngjiā

       11) Wǒ gàosù nǐ yí ge hǎo xiāoxi.

       12) Hǎoba, wǒmen jiù cóng qìchē kànqǐ.

       13) Zǎo zhī zhèyàng, hái bùrú bù lái ne!

       14) Jìránrúcǐ, jīntiān wǒ zhǐhǎo shě mìng péi jūnzǐ le.

       15) Nǐ dàodǐ xǐhuan nǎ yí liàng a?

    2. 聽我問,請你標出答句的重音：

        1) 你在哪兒看到這消息的？（在報紙上。）

        2) 小王打電話來幹什麼？（報告一個好消息。）

        3) 小王剛才幹什麼來了？（找我商量點兒事。）

        4) 博覽會什麼時候開幕？（上星期就開幕了。）

        5) 請問,汽車在哪個展區？（在露天展臺。）

        6) 先生,您想買什麼？（我祇是看看。）

        7) 你喜歡什麼顏色的？（銀灰色的。）

        8) 你手裏拿的是什麼？（展品的廣告。）

        9) 你來博覽會想看什麼？（主要是看看服裝。）

       10) 天上飄着的是什麼？（好像是氣球吧。）

    3. 聽句子,請你把所給的詞語填在適當的位置,注意每組詞發

音的不同,然後朗讀:
1) 這種新型汽車的最大好處是節省汽油。
2) 很多五顏六色的氣球飛上了天空。
　　(a qìqiú　　b qìyóu)
3) 聽到這個好消息,小玉高興得跳了起來。
4) 你要是不舒服就好好休息吧!
　　(a xiūxi　　b xiāoxi)
5) 她感興趣的工作是市場營銷。
6) 這個城市的市長很關心市民的生活。
　　(a shìchǎng　b shìzhǎng)
7) 你做這個工作年薪是多少?
8) 來求職的大部分是年輕人。
　　(a niánqīng　b niánxīn)
9) 公園裏的露天舞會很受歡迎。
10) 展覽會的展期一共六天。
　　(a lùtiān　　b liùtiān)

二、 語法練習
1. 聽句子,邊聽邊填空,然後朗讀:
1) 第26屆奧運會昨天隆重開幕。
2) 汽車展品都佈置在露天展臺。
3) 爲了招攬顧客,廠家做廣告不怕花錢。
4) 有人認爲高爾夫球運動不適合中國國情。
5) 這種車時速快,油耗低,價格也不高。
6) 代表團乘坐的飛機將于明天上午到達。
7) 進行中西文化對比可以幫助我們更好地學習。
8) 桌子上放着一大摞書。
9) 這些年我們的經濟發展速度很快。
10) 走進大廳,迎面是展區示意圖。

2. 聽對話,選擇正確答案:
1) A: 小王,你們夫婦倆業餘時間幹什麽?

B：我是個球迷，愛人是戲迷。
　　　小王的愛好是
　　　　a　看京劇
　　　　b　看足球
　　　　c　看電影
2）A：這條消息你是在哪兒看到的？
　　B：哪家報紙上沒有啊！
　　　這條消息
　　　　a　所有的報紙上都有
　　　　b　不知道哪家報紙上有
　　　　c　所有的報紙上都沒有
3）A：先生，您對這種車有興趣嗎？
　　B：興趣是有，可是沒有錢呀。
　　　這位先生
　　　　a　想買車
　　　　b　不想買車
　　　　c　想買車，但是沒錢
4）A：老王怎麼對各種車的型號、價格、性能瞭解得那麼清楚？
　　B：他是個車迷嘛！說起汽車來一套一套的，比推銷商還內行。
　　　從對話知道，老王
　　　　a　有好幾輛汽車
　　　　b　是推銷汽車的
　　　　c　對汽車特別感興趣
5）A：老張，這種破椅子早該扔了，你怎麼還花錢買它呀？
　　B：這你就不懂了，這叫收藏。有些東西，越老越值錢。
　　　從對話知道，老張
　　　　a　收藏舊家具
　　　　b　喜歡花錢
　　　　c　喜歡舊東西
6）A：小王，集郵是小孩兒才喜歡的事，你這麼大的人，要郵票幹什麼?

B: 你懂什麼,別小看這郵票,集郵既可以**攢錢**,又可以長知識。

小王的愛好是

a 學習知識
b 收集郵票
c 跟小孩兒玩兒

7) A: 我要是有了錢呀,先買一輛高級轎車,開上它轉幾天!

B: 別做夢了,快點兒騎吧!

他們説話時在哪兒?

a 在床上
b 在路上
c 在商店

8) A: 我呀,不吃不喝,也得攢錢買輛車!

B: 你那點兒工資呀,一年不吃不喝,夠買一個車門的了。

他們在説什麼?

a 買汽車
b 工資
c 吃不吃飯

9) A: 換一個車座就要十幾塊錢,真是的!

B: 我要是你呀,早換輛新的了,騎着又舒服,又漂亮。

他們在説什麼?

a 汽車
b 自行車
c 馬車

10) A: 小王,你怎麼這個樣子?病了嗎?

B: 唉,我最喜歡的球隊昨天輸了。

從對話知道,小王

a 參加比賽輸了
b 病了
c 是球迷

三、 綜合練習

對話(一)　　汽車夢

〔情景：夫婦倆談話〕

A：哎，你知道嗎，今天《足球報》上公佈中獎號碼，説不定這次我中個頭獎呢！

B：別做夢了。這足球彩票你買了多少次了，哪回中獎了？我看，就算你這個球迷爲足球事業做貢獻得了。

A：別泄氣嘛！萬一真中了呢。那可是一大筆錢啊！你説，要是有了那麽多錢，咱們幹什麽好呢？我想……

B：我想要的東西多着呢！首飾、名牌服裝、家具，……對了，這些東西都不如音響，我早就想要一套高級音響了……

A：等等，你這些東西不用着急。咱們家呀，最需要的是一輛車，我早就想買輛車了。你説，咱們買輛什麽牌子的？"奔馳"還是"寶馬"？我不喜歡"大衆"，樣子不够氣派。聽説，國產的"紅旗"也要上市了，那車可真够氣派的！

B：我聽説還是日本車好，質量可靠，節省汽油，速度也不低，適合中國國情，經濟實惠。

A：看你，中了頭獎，有的是錢，要買就買最好的，你這麽小氣幹嘛？哎，你説咱們買什麽顔色的？

B：紅的！我喜歡紅的，多漂亮啊！要不，白的也好，你看人家電影裏美女總是開一輛白色汽車的。

A：你真是外行！這又不是你買裙子，買衣服。汽車當然要買黑的！黑色比別的顔色都高貴，都氣派。你没見最高級的名牌轎車都是黑的嗎？

B：既然如此，你還問我幹嘛？一到買東西，你總是跟我過不去！算了，哎呀，七點半了，快，上班要遲到了！快走吧！

A：真的，快！糟糕，我的車又没氣了，祇好打的去吧，要不來不及了。

B：別別別，那得花多少錢呀！還是騎我的新車吧，我擠公共汽車去。你那輛破車，早該修理了。哎，別忘了買《足球報》！

A：忘不了！

1. 聽第一遍,選擇正確答案:
    1) 如果他們中了獎,妻子想買
        a 漂亮汽車
        b 高級音響
        c 《足球報》
    2) 丈夫喜歡的汽車顏色是
        a 紅的
        b 白的
        c 黑的
    3) 妻子主張買什麼樣的汽車?
        a 氣派的
        b 經濟實惠的
        c 名牌的
    4) 今天早上丈夫怎麼去上班?
        a 開車去
        b 騎自行車去
        c 擠公共汽車去

2. 聽第二遍,判別正誤並改正錯處:
    1) 丈夫第一次買足球彩票。
    2) 妻子是個足球迷。
    3) 丈夫買彩票是爲了中獎。
    4) 妻子很想要漂亮衣服和首飾。
    5) 丈夫認爲"大衆"車很氣派。
    6) 妻子想買最好的汽車。
    7) 妻子喜歡紅色的衣服。
    8) 妻子認爲買車和買衣服一樣。
    9) 丈夫認爲黑色的轎車一定是名牌。
    10) 丈夫的自行車是新的。

3. 根據課文内容選擇下列句子的正確解釋:

311

1)"彩票你買了多少次了,哪次中獎了?"意思是
 a 没有一次中獎
 b 每次都中獎
 c 你一共買了幾次
2)"中了頭獎,有的是錢"。意思是
 a 中了頭獎,就會有錢
 b 中了頭獎,錢多得很
 c 中了頭獎,有的祇是錢
3)"一到買東西,你總是跟我過不去"。意思是
 a 買東西時意見總是不一致
 b 買東西你總是不跟我一起去
 c 買東西時你總是跟我一起去

4. 跟讀下列句子:
1) 別泄氣嘛,萬一真中了呢。
2) 你説要是有了那麼多錢,咱們幹什麼好呢?
3) 要買就買最好的,你這麼小氣幹嘛!
4) 我喜歡紅的,紅的多漂亮啊!
5) 別別別,那得花多少錢呀?

5. 再聽一遍,回答問題:
1) 要是他們中了獎,丈夫有什麼希望?妻子呢?
2) 你覺得這夫婦倆生活得怎麼樣?爲什麼?

對話(二)　　收藏家

〔情景:周先生是位年近古稀的老人,他有個特別的愛好。這天,黃小玉和他聊了起來〕

A:周先生,人家都叫您收藏家,您收藏什麼呢?郵票,古玩,還是字畫?
B:都不是。我收藏石頭。
A:石頭?那一定是些奇異的珍寶吧?

B：我們的收藏品中是有不少珍品。有天然水晶,有海洋動物化石,還有南極考察帶回來的石頭。我和老伴收集石頭已經近半個世紀了,各種石頭加起來共有一萬多塊吧。

A：這麼多呀,收集這些石頭一定很不容易吧?

B：是啊,這些年,爲了尋找石頭,我們跑遍了全國,吃了不少苦,但也享受到很大的樂趣。有時候,爲了得到一塊好石頭,可以不吃不喝,犧牲一切。

A：您的老伴也和您一樣對石頭這麼入迷嗎?

B：你知道嗎?石頭還是我們愛情的信物呢!當年,我送給她一塊漂亮的石頭,還寫了一首詩,她被石頭的美麗感動了,回信說"讓我們一起欣賞這份美麗吧!"後來,我們就結了婚。

A：哎呀,真浪漫!

B：也不光是浪漫啊。幾十年來,石頭跟我們一起度過了最困難的日子。現在,我們家裏除了幾件簡單的家具以外,地方全被石頭佔了。有人說我們的生活太貧寒了,可我們自己却覺得很富有。雖然這些石頭價值上百萬,但我們不是爲了錢。石頭給了我們另一個世界,另一種心情。這可能是別人無法理解的。

A：周先生,您能讓我看看您的石頭嗎?

B：怎麼不能?我經常舉辦免費的石頭展覽,歡迎你去參觀。現在,我最大的心願就是能建立一座中華奇石博物館,讓更多的人共同欣賞這自然的美麗。

B：謝謝您,周先生,我一定去!

1. 聽第一遍,選擇正確答案:
    1) 周先生收集的是
        a 奇異的珍寶
        b 各種石頭
        c 古玩字畫
    2)這些年,周先生爲了收集這些石頭
        a 不吃不喝
        b 享受了很大樂趣

　　　　c　吃了很多苦
　　3) 現在周先生家裏的生活
　　　　a　很富有
　　　　b　很貧寒
　　　　c　很簡單
　　4) 現在周先生最想做的事是
　　　　a　建立石頭博物館
　　　　b　得到很多錢
　　　　c　過好的生活

2. 聽第二遍,判別正誤並改正錯處:
　　1) 周先生收集的是一般的石頭。
　　2) 他收集石頭有半年了。
　　3) 他收集了一千多塊石頭。
　　4) 他覺得收集石頭太辛苦了,沒有樂趣。
　　5) 周先生的老伴也迷上了石頭。
　　6) 老伴送給周先生一塊漂亮的石頭。
　　7) 這些年他們收集石頭覺得很浪漫。
　　8) 在周先生家裏石頭佔了很多地方。
　　9) 這些石頭非常值錢。
　　10) 周先生辦的展覽門票不貴。

3. 聽句子,邊聽邊填空,然後朗讀:
　　1) 我收集的石頭中,有<u>天然</u>水晶,有海洋<u>動物</u>化石,還有<u>南極</u>考察帶回來的石頭。
　　2) 有時,爲了得到一塊好石頭,可以<u>不吃不喝</u>,<u>犧牲</u>一切。
　　3) 石頭還是我們愛情的<u>信物</u>呢!
　　4) 有人說我們的生活太貧寒了,可<u>我們</u>自己却覺得很<u>富有</u>。
　　5) 現在,我最大的<u>心願</u>就是能建立一座中華<u>奇石</u>博物館,讓更多的人共同<u>欣賞</u>這自然的美麗。

4. 再聽一遍,回答問題:

1）周先生和老伴的愛情跟石頭有什麼關係？
2）爲了收集石頭，周先生和老伴是怎麼做的？

四、 泛聽練習

聽下面的短文，看你能不能跳躍障礙詞語，理解全文：

綠 色 汽 車

隨着工業生產和現代科學技術的發展，汽車越來越多了。這帶來兩個嚴重問題，一是污染嚴重，二是能源緊張。現在，已經有人提出了綠色汽車的新概念。綠色汽車包括電動轎車和其他非燃油車，如以天然氣、甲醇和太陽能爲動力的汽車。目前，世界各大汽車公司已經爭相研製這種汽車，一些發達國家已經取得階段性成果。如著名的法國標致雪鐵龍集團在1989年便開始製造小型電動客貨兩用車並批量生產了兩種電動轎車。美國、日本、意大利等國的汽車公司，也在開發生產液化石油氣、電力、天然氣、氫氣、甲醇和乙醇作燃料的轎車和卡車。

當然，綠色汽車的發展不是一件簡單的事，它面臨着諸多難題。首先是車速問題。現在世界上電動車的最高時速已達120公里左右，但大部分在100公里以下。所以，綠色汽車早期祇能適合城市用，以後才能逐漸擴展到農村。其次是設施，它包括充電機和蓄電池工業的發展，其他代用燃料的發展以及城市的配套設施等等。如果讓人感到使用不方便，推廣綠色汽車就是一句空話。

1．聽兩遍後判別正誤：
1）汽車越來越多會造成汽油緊張。
2）綠色汽車的顏色是綠的。
3）電動轎車可以不用汽油。
4）美國已經研製出了兩種電動轎車。
5）發展綠色汽車有兩個難題。
6）現在世界上汽車的最高時速是120公里。
7）綠色汽車祇適合城市用。
8）如果不方便，就沒人願意使用綠色汽車。

2. 再聽一遍，簡單回答：
   1）什麼叫綠色汽車？文中說用什麼可以代替汽油作汽車的燃料？（可以寫拼音）
   2）綠色汽車發展的難題首先是什麼？

第二十課

一、 語音練習

1. 聽寫拼音：
    1) Kěkǒu Kělè　　2) mántóu dàhàn　　3) liúguāng yìcǎi
    4) jīnbì huīhuáng　　5) xiàoróng kějū　　6) jīnjīn yǒuwèi
    7) xiāngyìng chéngqù　　　　8) qìshì xióngwěi
    9) rénshān rénhǎi　　　　10) nánquán běituǐ
    11) Fùqin zǒngshì zémà wǒmen .
    12) Tā shuō shì gāi fàngshǒu de shíhou le .
    13) Nìngkě shuāiduàn tuǐ , wǒ yě yào qí gěi tā kàn .
    14) Cóngcǐ wǒ wùchūle yígè dàolǐ .
    15) Zěnme , nǐ xǐhuan chī yútóu ma ?

2. 聽我問,請你標出答句的重音：
    1) 照片上的這個人是誰？（是我父親。）
    2) 你的腿怎麼了？（不小心摔了一下。）
    3) 你幾點回來？（大概10點左右吧。）
    4) 怎麼還不開車呀？（等等,沒有汽油了。）
    5) 你買的什麼？（給孩子的生日蛋糕。）
    6) 你怎麼不吃魚肉啊？（我喜歡吃魚頭。）
    7) 兒女們對您怎麼樣？（他們很孝順。）
    8) 這個菜怎麼樣？（一點兒也不好吃。）
    9) 孩子在家幫你幹活兒嗎？（有時洗洗碗。）
    10) 你幹什麼去了？（在外面踢了會兒球。）

3. 聽句子,請把所給的詞語填在適當的位置,注意每組詞發音的不同,然後朗讀:
   1) 這孩子很小就迷上了繪畫。
   2) 別說廢話了,我們談談正事吧。
      (a huìhuà   b fèihuà)
   3) 請問,您是付現金還是付支票?
   4) 這是航空公司寄來的機票。
      (a jīpiào   b zhīpiào)
   5) 兒女們都很孝順,老人覺得很開心。
   6) 做父母的不應總是教訓孩子。
      (a xiàoshun   b jiàoxun)
   7) 鄰里之間應該和睦相處。
   8) 朋友遇到困難應該盡力相助。
      (a xiāngzhù   b xiāngchǔ)
   9) 前幾天摔了一下,我的腿一直疼。
   10) 沒關系,我祇是一時不舒服,過一會兒就好了。
      (a yìzhí   b yìshí)

二、 語法練習
1. 聽句子,邊聽邊填空,然後朗讀:
   1) 我和朋友們相處得很和睦。
   2) 我真不知道怎麼表達對您的感激之情。
   3) 請你把要買的東西開列一張清單。
   4) 孩子還小,不應該責罵他們。
   5) 弄壞了東西應該賠償。
   6) 孩子玩鞦韆時不小心摔斷了腿。
   7) 急診室在醫院大樓的一層。
   8) 外婆瞇縫着眼睛把魚刺挑乾凈。
   9) 照片上的人笑容可掬地望着我們。
   10) 媽媽做的菜好吃極了,孩子們吃得津津有味。

2. 聽對話,選擇正確答案:

1) A：哎，這兒不能停車，這是留給緊急車輛用的。
   B：你以爲我這是什麽車？旅遊車嗎？
   這位司機的意思是
   a 他的車是旅遊車
   b 他的車屬于緊急車輛
   c 他不知道他的車是什麽車

2) A：小王，照片上站在你旁邊的是你弟弟嗎？
   B：我們同學好幾年了，比親兄弟還親呢。
   站在小王旁邊的是
   a 他哥哥
   b 他同學
   c 他朋友

3) A：小林，你媽媽怎麽不來一起吃？
   B：她在厨房裏忙着呢。
   他們說話時在哪兒？
   a 在飯桌上
   b 在厨房裏
   c 在飯館裏

4) A：你媽媽看起來真年輕，你們好像姐妹一樣。
   B：我和我媽呀，既是母女，又是朋友。
   從對話可以知道
   a 她和媽媽關係很好
   b 她媽媽不像媽媽
   c 她和姐姐是朋友

5) A：大林得了病，可把小林急壞了。
   B：俗話說，兄弟如手足嘛！
   大林和小林是
   a 朋友
   b 同學
   c 兄弟

6) A：看你，又回來這麽晚，累病了可沒人管你。
   B：別人不管，你還能不管嗎？

談話的兩個人最可能是什麼關係？
- a 朋友
- b 夫妻
- c 同事

7) A：黃太太，給兒子又寄信又寄包裹呀？
   B：唉，兒行千里母擔憂啊！
   從對話可以知道，黃太太的兒子
   - a 走了一千里路
   - b 出門在外
   - c 爲母親擔心

8) A：小張，你這位鄰居對你真好！
   B：不光是對我，誰有困難他都熱心幫助。
   從對話可以知道，小張的鄰居
   - a 有困難
   - b 祇對小張很好
   - c 常幫助別人

9) A：小王，找工作的事老李幫你辦了沒有？
   B：別提了，以後我再也不求他了。
   從對話可以知道
   - a 老李沒有幫小王
   - b 老李不求小王幫忙了
   - c 小王幫老李找到了工作

10) A：先生，多虧您及時把我孩子送到醫院，真不知怎麼感謝您才好，您留個姓名吧！
    B：沒什麼，見死不救還算人嗎？
    這是誰和誰在談話？
    - a 醫生和病人
    - b 兩個朋友
    - c 兩個不認識的人

三、綜合練習

（一）對話　　人與人之間

〔情景：小張和朋友談話〕

A：小張，我問你一個問題，你每天坐公共汽車上下班，在車上都幹什麼？

B：幹什麼？看書看報，要不就是打瞌睡，閉目養神，還能幹什麼呢？

A：有個從美國回來的朋友告訴我這麼一件事，挺有意思的。

B：什麼事啊？

A：在美國芝加哥郊外的一個小城，人們每天都乘坐專綫汽車去芝加哥上班。盡管人們相互之間都很面熟，但就是不打招呼，誰也不理誰。

B：看來這種情況在哪兒都一樣啊。

A：有一天，人們像往常一樣上了車，司機是個中年人。上車以後，大家不是看報紙，就是欣賞窗外的風景，誰也不答理坐在旁邊的人。這時，汽車正開到一條山路上，司機忽然威嚴地高聲對所有乘客說："現在，一切都聽我的命令！"

B：怎麼啦？出什麼事了？

A：大家都以爲遇到了什麼危險，所以都很聽話。司機說："放下你們手中的報紙"，于是，人們都放下了手裏的報紙。司機又說："把你的頭轉向你身邊的人，對他（她）微笑，說你好。"

B：大家這樣做了嗎？

A：是的，每個人都把頭轉向身邊的人，微笑着說："你好！"頓時，整個車廂裏的氣氛活躍起來，人們互相介紹，談笑風生。終點站到了，大家都對司機說謝謝，並約定明天還來乘坐這輛車。

B：這件事真有意思，那位司機是應該受到感謝。

A：是啊。有人說，人們相互之間有時就像隔着一層紙，捅破這層紙，就會感受到生活的美好。

1. 聽第一遍，選擇正確答案：
   1）小張乘坐汽車時常常
      a 看書看報
      b 跟人聊天
      c 欣賞風景
   2）在芝加哥附近的小城每天坐專綫汽車的人
      a 誰也不理誰
      b 互相打招呼
      c 誰也不認識誰
   3）大家開始爲什麼很聽那位司機的話？
      a 汽車開到了山路上
      b 以爲遇到了危險
      c 司機很厲害
   4）聽了司機的命令，大家是怎麼做的？
      a 眼睛看着窗外
      b 誰也不答理誰
      c 把頭轉向身邊的人，互相問好

2. 聽第二遍，判別正誤並改正錯處：
   1）這件事發生在美國芝加哥。
   2）人們每天坐公共汽車去上班。
   3）人們互相認識，但不說話。
   4）這天，開車的是位年輕人。
   5）司機命令大家聽他的話。
   6）司機不喜歡大家在車上看報紙。
   7）司機命令大家對他說你好。
   8）下車時司機對大家表示感謝。

3. 聽句子，邊聽邊填空，然後朗讀：
   1）看書看報，要不就是<u>打瞌睡</u>、<u>閉目養神</u>，在車上還能幹什麼呢？
   2）盡管人們相互之間都很<u>面熟</u>，但就是<u>不打招呼</u>，誰也不理

3）大家<u>不是</u>看報紙，<u>就是</u>欣賞窗外的<u>風景</u>，誰也不<u>答理</u>坐在旁邊的人。

4）頓時，整個車厢裏的<u>氣氛</u><u>活躍</u>起來，人們互相介紹，<u>談笑風生</u>。

4．再聽一遍，回答問題：
1）人們爲什麽感謝那位司機？
2）這件小事可以讓你悟出一個什麽道理？

(二) 短文　　父親的幫助

十年前師範學校畢業時，別人都在爲分配着急，我却不動聲色地欣賞着別人的忙碌。我家在縣城，父親又剛到縣教育部門任職。此前，父親任教二十年，他門下的弟子出人頭地的不少，祇要父親一句話，分到好學校不會有問題。

然而，最後我却不得不到離縣城一百多公里的一所山村學校報到。這就是父親幫忙的結果。

這所學校在我們縣邊上，翻過山就是鄰縣。學校祇有八個人，除了我都是本村人。十八歲的我一個人住在學校裏，一個人做飯，每週三十多節課，孤獨、艱苦、勞累。當我吃着半生不熟的飯，聽着窗外的風雨聲和狗叫聲時，我對父親便祇有怨，祇有恨。

從此，我不再回家了。祇逢年過節去看看母親。從此我便發誓：父親，我不再求你了，我要用自己的力量走出自己的路！

三年後，我以全縣第三名的成績考上了大學。報到的第二天，我收到了父親的信。在信中他説，他有意把我分到那所學校，他知道那兒是怎樣的環境。我要在那兒學會自己生活，學會與人相處，學會容忍和理解各種人。最重要的是學會在艱苦的環境中不放棄努力和追求，實現自己的願望，不靠父母的地位和別人的憐憫。這一切，他沒有跟我説過，他祇想讓我自己去發現。

三年的艱苦生活，我對父親的怨恨早已消失，剩下的祇是後來的勇氣和成功的快樂。我想到過感謝生活,却從來没想過感謝父親。現在我終于知道了,父親一直在默默地注視着我,他給了我勇氣,給了我一生用不完的財富。

    1. 聽第一遍,選擇正確答案:
       1) 兒子不爲分配着急是因爲
          a 他已經找到了好工作
          b 他相信父親會幫忙
          c 他不想去好的學校

       2) 兒子被分到了
          a 一所好學校
          b 一所大學
          c 一所山村學校

       3) 兒子在這所學校每星期上
          a 30多節課
          b 18節課
          c 8節課

       4) 兒子爲什麽不願回家?
          a 離家太遠了
          b 母親不讓回家
          c 因爲恨父親

       5) 父親爲什麽把兒子送到山村學校?
          a 想讓兒子受苦
          b 想讓兒子得到鍛煉
          c 想實現自己的願望

    2. 聽第二遍,判别正誤並改正錯處:
       1) 父親是縣教育部門的領導。
       2) 父親以前是教師。
       3) 父親的不少學生很有地位。

4) 兒子工作的山村學校不在他們那個縣。
5) 剛到學校工作時兒子自己生活得很好。
6) 兒子決心不再求父親幫忙。
7) 兒子20歲時考上了大學。
8) 父親不知道山村學校條件不好。
9) 兒子成功了,但不感謝父親。
10) 父親一直關心兒子。

3. 聽課文的第三自然段,說說那所山村學校的情況。

4. 聽課文的第五自然段,說說父親信的內容。

5. 再聽一遍全文,回答問題:
1) 兒子爲什麽恨父親?三年後兒子還恨父親嗎?爲什麽?
2) 請談談你的想法。

四、 泛聽練習
聽下面的短文,看你能不能跳躍障礙詞語,理解全文:

香港人的休閒

在香港,人們工作時的<u>狀態</u>十分緊張,所以,業餘時間的休閒就顯得特別寶貴且意義重大。

每天清晨上班之前,進行"晨運"的人極多。"晨運"的主要內容是"行山",也就是爬山。香港是一座山城,每天天剛亮,山間小路上就已出現上上下下的人流。

香港人也喜歡各種球類運動。由于世界性網球賽的<u>刺激</u>,近年來網球運動頗爲流行。此外,羽毛球、乒乓球、保齡球等運動<u>老少咸宜</u>,不受天氣影響,也非常受香港人歡迎。

香港人節假日<u>熱衷</u>于郊遊或去境外旅遊。港島、九龍和新界都有郊野公園,人們在週末、假日到那裏去遊玩、燒烤。在復活節、聖誕節和春節,由于假日較長,香港人去得就更遠一些,到東南亞的<u>新加坡</u>、<u>馬來</u>

西亞、泰國、菲律賓和臺灣地區去旅行。

由于香港社會<u>競爭激烈</u>，因此香港人用餘暇時間自學和進修也成爲一種<u>風尚</u>。各大專院校和社會組織都辦有校外課程和夜校，課程包括外語、電腦、金融以及各種實用技術，内容十分豐富。

民間收藏是香港人度餘暇的一項重要内容。近年來熱衷于收集古董文物書畫的人日漸增多，香港的拍賣館、展覽館以及幾條街道上的舊貨攤前，經常是<u>人頭攢動</u>。

<u>寵物飼養</u>在香港也是一大熱門活動。除了貓狗之外，香港人嗜養熱帶魚和金魚，還經常參加國際觀賞魚評選競賽。另外，大部分居民都有種花養草的習慣，無論是居室還是辦公場所，大都擺放幾盆植物花卉作<u>點綴</u>。

香港人還有許多消費性度餘暇的地方，包括唱卡拉OK，逛街購物，飲茶下棋等。

1. 聽第一遍，説説香港人有哪些休閒活動？（不少于8種）

2. 聽第二遍，簡單回答問題：
   1）每天人們什麽時候爬山？
   2）爲什麽乒乓球、保齡球很受歡迎？
   3）聖誕節、春節時人們幹什麽？
   4）夜校和校外課程包括哪些内容？
   5）爲什麽説熱衷于收藏的人日漸增多？
   6）在寵物飼養方面人們有什麽愛好？

3. 談談你是怎麽休閒的。

詞彙索引 Word Study index

生詞	詞性	拼音	課號
A 愛好	（動）	àihào	5
B 寶庫	（名）	bǎokù	15
報到	（動）	bàodào	20
報告	（名）	bàogào	9
背	（動）	bèi	15
鼻子	（名）	bízi	2
比喻	（動）	bǐyù	16
閉目養神		bì mù yǎng shén	20
別扭	（形）	bièniu	11
冰雕	（名）	bīng diāo	14
不動聲色		bú dòng shēng sè	20
不像話		bú xiànghuà	15
不知不覺		bù zhī bù jué	14
佈局	（名）	bùjú	15
佈置	（動）	bùzhì	4
C 財富	（名）	cáifù	20
彩票	（名）	cǎipiào	19
菜系	（名）	càixì	10
殘酷	（形）	cánkù	12
場地	（名）	chǎngdì	8
唱腔	（名）	chàngqiāng	18
吵架		chǎojià	11
車廂	（名）	chēxiāng	14
程式	（名）	chéngshì	18
出人頭地		chū rén tóu dì	20
厨房	（名）	chúfáng	4

327

吹牛		chuī niú	13
辭職		cí zhí	17
粗獷	（形）	cūguǎng	18
寸步難行		cùn bù nán xíng	3
錯怪	（動）	cuòguài	15

D
答復	（動）	dáfù	17
答理	（動）	dālǐ	20
打瞌睡		dǎ kēshuì	20
耽誤	（動）	dānwù	17
倒（車）	（動）	dǎo(chē)	6
倒霉	（形）	dǎoméi	15
到底	（副）	dàodǐ	15
得罪	（動）	dézuì	17
地道	（形）	dìdào	7
惦記	（動）	diànjì	11
獨	（形）	dú	11
對稱	（名）	duìchèn	15
對手	（名）	duìshǒu	13

E
餓	（形）	è	1

F
發誓	（動）	fāshì	20
放棄	（動）	fàngqì	20
費	（動）	fèi	13
分不清		fēn bù qīng	1
風格	（名）	fēnggé	15
風土人情		fēngtǔ rénqíng	14
符合	（動）	fúhé	17
付款		fù kuǎn	7
富有	（形）	fùyǒu	19
感動	（動）	gǎndòng	13
高貴	（形）	gāoguì	19
高血壓	（名）	gāoxuèyā	13
高雅	（形）	gāoyǎ	16
歌星	（名）	gēxīng	16
隔	（動）	gé	20
耕地	（名）	gēngdì	18
工程	（名）	gōngchéng	12

328

工藝美術		gōngyì měishù	17
貢獻	(名、動)	gòngxiàn	19
孤獨	(形)	gūdú	20
古典	(形)	gǔdiǎn	16
古玩	(名)	gǔwán	19
觀念	(名)	guānniàn	16
廣闊	(形)	guǎngkuò	14
規定	(名)	guīdìng	2
規則	(名)	guīzé	6
櫃臺	(名)	guìtái	17
貴族化		guìzúhuà	8
H 行家	(名)	hángjiā	10
合適	(形)	héshì	7
糊塗	(形、動)	hútu	15
化石	(名)	huàshí	19
化妝品	(名)	huàzhuāngpǐn	7
環境污染		huánjìng wūrǎn	3
灰濛濛	(形)	huīméngméng	5
會客		huì kè	2
混	(動)	hùn	16
活躍	(動、形)	huóyuè	20
J 激動	(動)	jīdòng	12
家醜不可外揚		jiāchǒu bù kě wài yáng	11
假裝	(動)	jiǎzhuāng	16
價值	(名)	jiàzhí	19
艱苦	(形)	jiānkǔ	12
減肥		jiǎn féi	9
見多識廣		jiàn duō shí guǎng	12
見好	(動)	jiànhǎo	9
建議	(名、動)	jiànyì	7
將就	(動)	jiāngjiù	10
獎賞	(名)	jiǎngshǎng	16
郊區	(名)	jiāoqū	4
交通	(名)	jiāotōng	4
較量	(動)	jiàoliàng	13
教訓	(動)	jiàoxùn	16
節奏	(名)	jiézòu	10

結果	（名）	jiēguǒ	9
進步	（名）	jìnbù	1
盡力		jìnlì	1
勁兒	（名）	jìnr	9
經典	（形）	jīngdiǎn	16
經驗	（名）	jīngyàn	
精明	（形）	jīngmíng	18
精細	（形）	jīngxì	7
精于	（動）	jīngyú	18
警察	（名）	jǐngchá	6
景觀	（名）	jǐngguān	8
酒吧	（名）	jiǔbā	15
巨大	（形）	jùdà	12
劇情	（名）	jùqíng	18

K 開眼界		kāi yǎnjiè	12
靠	（動）	kào	9
科長	（名）	kēzhǎng	9
客戶	（名）	kèhù	17
空氣	（名）	kōngqì	4
恐怕	（副）	kǒngpà	15
口音	（名）	kǒuyīn	14
苦惱	（名）	kǔ'nǎo	9
寬	（形）	kuān	6

L 懶	（形）	lǎn	8
爛	（動、形）	làn	16
濫竽充數	（成）	làn yú chōng shù	16
浪漫	（形）	làngmàn	19
老伴	（名）	lǎobàn	19
樂趣	（名）	lèqù	10
理	（動）	lǐ	11
禮節	（名）	lǐjié	11
憐憫	（動）	liánmǐn	20
連綿	（形）	liánmián	12
聯係	（名、動）	liánxì	3
臉譜	（名）	liǎnpǔ	18
臉色	（名）	liǎnsè	9
瞭解	（名、動）	liǎojiě	3

鄰里之間		línlǐ zhī jiān	11
零下		líng xià	5
流傳	（動）	liúchuán	12
流眼淚		liú yǎnlèi	13
露天	（形）	lùtiān	13
錄用	（動）	lùyòng	17
旅途	（名）	lǚtú	14
落後	（動）	luòhòu	16
M 馬鞭	（名）	mǎbiān	18
滿足	（動）	mǎnzú	7
沒勁	（形）	méi jìn	13
門道	（名）	méndào	18
秘書	（名）	mìshū	17
名牌	（名）	míngpái	1
N 內行	（名、形）	nèiháng	7
年糕	（名）	niángāo	18
扭秧歌		niǔ yāngge	8
弄	（動）	nòng	16
P 怕	（動）	pà	2
排列	（動）	páiliè	15
龐大	（形）	pángdà	15
跑調		pǎo diào	16
陪	（動）	péi	2
脾氣	（名）	píqì	17
貧寒	（形）	pínhán	19
平均	（形、動）	píngjūn	14
品種	（名）	pǐnzhǒng	7
撲克	（名）	pūkè	13
Q 奇蹟	（名）	qíjì	12
奇異	（形）	qíyì	15
氣氛	（名）	qìfēn	20
氣派	（形）	qìpài	19
敲鑼打鼓		qiāo luó dǎ gǔ	8
喬遷之喜		qiáoqiān zhī xǐ	4
情況	（名）	qíngkuàng	3

請假		qǐng jià	9
請教	（動）	qǐngjiào	1
群	（名）	qún	15
群眾性		qúnzhòngxìng	8
R 熱情	（形）	rèqíng	1
人類	（名）	rénlèi	12
任職	（動）	rènzhí	20
容忍	（動）	róngrěn	20
S 身份	（名）	shēnfen	10
勝任	（動）	shèngrèn	17
師範	（名）	shīfàn	20
屍骨	（名）	shīgǔ	12
石窟	（名）	shíkū	14
實惠	（形）	shíhuì	19
實用	（形）	shíyòng	4
世紀	（名）	shìjì	19
收藏	（動）	shōucáng	15
收穫	（名、動）	shōuhuò	3
收集	（動）	shōují	19
收款臺	（名）	shōukuǎntái	7
手絹	（名）	shǒujuàn	7
首飾	（名）	shǒushì	19
樞紐	（名）	shūniǔ	14
舒適	（形）	shūshì	4
水晶	（名）	shuǐjīng	19
順眼	（形）	shùnyǎn	17
說評書		shuō píngshū	10
絲綢	（名）	sīchóu	7
私人	（形）	sīrén	17
四平八穩		sì píng bā wěn	15
四通八達		sì tōng bā dá	14
算	（動）	suàn	5
算了		suàn le	6
隨(你)便		suí(nǐ)biàn	6
T 談笑風生		tán xiào fēng shēng	20
套餐	（名）	tào cān	15

體操	（名）	tǐcāo	8
體力	（名）	tǐlì	8
體驗	（動）	tǐyàn	14
捅	（動）	tǒng	20
團圓	（名、動）	tuányuán	18
W 蜿蜒起伏		wān yán qǐ fú	14
完整	（形）	wánzhěng	15
威嚴	（形）	wēiyán	20
胃	（名）	wèi	9
胃口	（名）	wèikǒu	9
衛生間	（名）	wèishēngjiān	4
溫柔	（形）	wēnróu	18
文物	（名）	wénwù	15
臥床	（動）	wòchuáng	9
五音不全		wǔ yīn bù quán	16
物產	（名）	wùchǎn	14
X 吸收	（動）	xīshōu	18
吸引	（動）	xīyǐn	14
犧牲	（動）	xīshēng	4
習慣	（動）	xíguàn	1
戲臺	（名）	xìtái	18
下棋		xià qí	13
詳細	（形）	xiángxì	18
享福		xiǎng fú	11
象徵	（名、動）	xiàngzhēng	12
消遣	（動）	xiāoqiǎn	10
消失	（動）	xiāoshī	20
小氣	（形）	xiǎoqì	19
小區	（名）	xiǎoqū	4
效率	（名）	xiàolǜ	10
泄氣		xiè qì	19
辛苦	（形）	xīnkǔ	17
新居	（名）	xīnjū	4
新奇	（形）	xīnqí	14
心願	（名）	xīnyuàn	19
信物	（名）	xìnwù	19
形容	（動）	xíngróng	12

333

血肉	（名）	xuèròu	12
Y 沿途	（名）	yántú	14
眼皮	（名）	yǎnpí	11
嚴重	（形）	yánzhòng	3
搖滾樂	（名）	yáogǔnyuè	16
要緊	（形）	yàojǐn	2
遺產	（名）	yíchǎn	12
宜人	（形）	yírén	14
藝術家	（名）	yìshùjiā	4
音響	（名）	yīnxiǎng	19
隱私	（名）	yǐnsī	11
營銷	（動）	yíngxiāo	17
營養	（名）	yíngyǎng	10
影子	（名）	yǐngzi	10
勇敢	（形）	yǒnggǎn	5
勇氣	（名）	yǒngqì	20
有出息		yǒu chūxī	1
娛樂	（名、動）	yúlè	8
輿論	（名）	yúlùn	9
寓意	（名）	yùyì	18
元宵	（名）	yuánxiāo	18
怨恨	（動）	yuànhèn	20
樂隊	（名）	yuèduì	16
樂器	（名）	yuèqì	16
Z 雜	（形）	zá	11
攢	（動）	zǎn	13
贊嘆	（動）	zàntàn	12
噪音	（名）	zàoyīn	
沾光		zhān guāng	11
找茬兒		zhǎo chár	17
珍寶	（名）	zhēnbǎo	15
直爽	（形）	zhíshuǎng	18
智慧	（名）	zhìhuì	12
質量	（名）	zhìliàng	7
中軸	（名）	zhōngzhóu	15
中獎		zhòng jiǎng	19
駐	（動）	zhù	3

注視	（動）	zhùshì	20
專長	（名）	zhuāncháng	17
專輯	（名）	zhuānjí	16
轉	（動）	zhuǎn	11
壯觀	（形）	zhuàngguān	12
追求	（動）	zhuīqiú	18
着急	（形）	zháojí	1
自由自在		zìyóuzìzài	13
自信	（形）	zìxìn	17
姿勢	（名）	zīshì	8
字畫	（名）	zìhuà	19
遵守	（動）	zūnshǒu	6
做夢		zuò mèng	11